AF284031

Finanzeller DURCHBRUCH
Emotionen & Entscheidungen als Erfolgsfaktor in Finanzfragen

Martin D.C. Bruch

Finanzeller DURCHBRUCH

Emotionen & Entscheidungen als Erfolgsfaktor in
Finanzfragen

Martin D.C. Bruch

Impressum

Bibliografische Information der Deutschen Nationalbibliothek: Die Deutsche Nationalbibliothek verzeichnet
diese Publikation in der Deutschen Nationalbibliografie;
detaillierte bibliografische Daten sind im Internet
über dnb.dnb.de abrufbar.

© 2018 Martin D.C. Bruch
Herstellung und Verlag: BoD – Books on Demand,
Norderstedt
Grafik und Covergestaltung: Sascha Mauss
Foto: Nine Köpfer
Lektorat: Ellen Röwer, Marina Petrich
Unterstützung Storytelling: Christian Heckmann
Beratung psychologische Fragen: Rebekka Haas, Karsten
Knapp

ISBN 978-3-7528-5888-4

Widmung

Für all die Menschen, die sich nach mehr sehnen und sich nicht mit einem durchschnittlichen, gewöhnlichen Leben zufrieden geben möchten. Möge dieses Buch Ihnen helfen, Ihre Bestimmung im Leben zu finden und zu ergreifen und sich nach einem Leben in Fülle auszustecken.

Für meine geliebte Frau Hanna, die, seit wir uns als Teenager kennen gelernt haben, in guten und schweren Zeiten stets aktiv und attraktiv an meiner Seite war – wo wäre ich nur ohne dich!

Für meine vier großartigen Kinder, die mich in meinem Denken und Handeln herausfordern, mir Perspektive geben und mich so zu einem besseren Menschen machen.

Stimmen zum Buch

Dieses Buch bricht die wirklich wichtigen Themen des Lebens in verständliche und umsetzungsfähige Schritte herunter. Somit kann jeder, der langfristigen Erfolg erzielen möchte, ohne Sorgen und voller Zuversicht entschlossen im Hier und Jetzt starten.

David Madlener
Geschäftsführer der Hydro-X GmbH

Martin D.C. Bruch versteht es, tiefe und wichtige Lebenswahrheiten anschaulich und praktisch zu erklären. Seine persönliche Geschichte inspiriert, die beste Version der eigenen (finanziellen) Geschichte zu schreiben – und damit direkt nach der Lektüre anzufangen.

‚Finanzieller DURCHBRUCH' kann man leicht an einem Abend lesen, die Gedanken daran lassen einen jedoch lange nicht los.

Benjamin Kannenberg
Lehrer an der German International School Montreal

Ein sehr lebendiges Buch über Finanzen - das nicht in den Mittelpunkt stellt was alle erwarten: das Geld. Sondern das, was im Leben wirklich zählt: den Menschen. Absolut lesenswert!

Karsten Knapp
Psychologe bei einer nationalen Non-Profit-Organisation

Ermutigend-Informativ. Anregend-Praktisch. Lesen!

Dr. med. Mattias Groh
Oberarzt

Wir kennen Martin Bruch schon seit vielen Jahren. Er lebt, was er sagt und schreibt. Wir schätzen ihn als guten Freund und Ratgeber.

Ben und Ellen Röwer
Unternehmer und Gründer von 7traxx

Wenn ich eines durch dieses Buch gelernt habe, dann dies: wahrer Wohlstand zeigt sich in meinen Ausgaben, nicht in meinen Einnahmen.

Christian Heckmann
Marketing Manager bei einem
Mobility Risk Management Unternehmen

Wie Martin D.C. Bruch selbst ist auch sein Buch ,Finanzieller DURCHBRUCH' authentisch, bodenständig und zugleich voller Vision! Für uns ist seine Familie ein großes Vorbild!

Marina Petrich, Financial Reporter und Simon Petrich,
Kältetechniker - Immobilieninvestoren

Inhaltsverzeichnis

Vorwort von Dieter DC Conrad
Mehrfacher Buchautor, Fachmann für finanzielle Bildung
und Investor

Finanzmathematik ist logisch! Emotionen sind meist unlogisch, aus Sicht desjenigen, der sie hat, jedoch stets richtig. Entscheidungen sind die Verbindung zwischen unseren Gedanken (egal ob logisch oder emotional) und unseren Taten. Unsere Taten bringen Ergebnisse hervor. Welches Ergebnis sie bringen und ob wir dies als Erfolg bewerten dürfen, hängt vom Abgleich mit den seinerzeit definierten Zielen ab. In diesem Delta inspiriert uns ‚Finanzieller DURCHBRUCH‘, stabile Grundlagen zu bauen und mutige Schritte zu gehen.

Martin D.C. Bruch schafft es auf brillante Weise die großen Dinge mit einfachen Worten zu erklären und den Leser zu motivieren aktiv zu werden, egal wo dieser finanziell steht.

Sein Buch hat mich auf inspirierende Weise zum Reflektieren meiner persönlichen Situation gebracht und mich angestachelt, Zielen neue Schwerpunkte zu geben und Entscheidungen zu fällen, die mich und meine Familie in eine noch stärkere Position bringen, aus der heraus wir noch größeren Einfluss ausüben können.

Nehmen auch Sie die Zügel in die Hand und übernehmen Sie die Kontrolle über Ihre Emotionen und Finanzen, indem Sie mithilfe der praktischen Schritte dieses Buches mutige Entscheidungen fällen!

Einleitung - Wie alles anfing

Es war Ende Dezember. Das letzte Wochenende war etwas turbulent gewesen. Am vierten Advent hatte ich noch zweimal auf der Bühne unserer Kirche Schlagzeug gespielt, während meine Frau schon die ersten Wehen verarbeitete. Kurz nach Mitternacht um 0:04 Uhr erblickte unser drittes Kind das Licht der Welt. Und während ich die nächsten Tage zwischen unserem Zuhause und dem Krankenhaus hin und her pendelte - teilweise mit, teilweise ohne unsere damals zweijährigen Zwillinge - arbeitete es in mir. Was für eine Verantwortung, drei kleine Menschen zu lieben, zu versorgen und auf das Leben vorzubereiten! Eine Aufgabe, bei der ich mir noch nicht ganz sicher war, ob ich ihr gewachsen sein würde.

In diesen Tagen wuchs in mir der Wunsch, mehr Zeit für meine Frau und meine Familie haben zu wollen. Mir wurde bewusst, dass ich langfristig nicht länger nur durch gewöhnliche Arbeit meine wertvolle Zeit gegen Geld tauschen konnte und wollte.

Auf eine spontane Eingebung hin, meldete ich mich bei einem Freund, der finanziell schon erheblich weiter war als wir. Es stellte sich heraus, dass auch er gerade auf dem Weg war, seine Ausgaben durch passive Einnahmen zu decken und wir tauschten uns über die

Möglichkeiten hierfür aus.

Mir wurde bewusst, dass ich langfristig nicht länger nur durch gewöhnliche Arbeit meine wertvolle Zeit gegen Geld tauschen konnte und wollte.

Meine Frau Hanna und ich sind ehrlich gesagt als Paar schon immer gut im Umgang mit Finanzen gewesen. Wir beide hatten das Glück, in Elternhäusern aufzuwachsen, bei denen eine gute Mischung aus Sparsamkeit und Großzügigkeit herrschte. Bereits seit frühester Kindheit waren wir damit vertraut, Konsumschulden zu vermeiden, sich Dinge erst zu erarbeiten und das, was man hat, zu teilen. Sowohl Hanna als auch ich hatten gelernt, mit harter Arbeit Geld zu verdienen, wenn nötig auch in mehreren Jobs gleichzeitig. Wir beide hatten vor allem in den ersten Ehejahren auch gelernt, mit wenig zurecht zu kommen (um genau zu sein mit 1.200€ netto für uns beide) und unser Geld nicht für allen möglichen Schnickschnack auszugeben. Über Jahre hinweg hatten Freunde immer wieder unseren Rat in diesem Bereich gesucht.

Dann in einem September, vier Monate vor meinen ereignisreichen Weihnachten, schenkten mir gute Freunde, die schon immer an unsere finanziellen Fähigkeiten geglaubt hatten, auf einmal ein Buch zum Thema Geld:

'True Riches' von Jeff Lestz[i]. Mehr noch als das großartige Buch selbst, sprach dieses scheinbar paradoxe Geschenk an sich zu mir. Wenn wir doch für viele ein Vorbild im Umgang mit Finanzen waren, warum schenkten sie dann gerade mir ein Buch darüber? Nach all den Jahren realisierte ich, dass es noch so viel mehr zu lernen gab. Auf einmal merkte ich, wie ich in einer meiner drei größten Stärken (Beziehungen, Finanzen und Musik) begonnen hatte, mich auf dem Status Quo auszuruhen und vergessen hatte, mich nach einer größeren Vision auszustrecken und weiter voranzugehen.

Als mir dann um Weihnachten herum das Gewicht meiner Verantwortung als Familienvater bewusst wurde, gab es kein Zurück mehr. Über die nächsten Monate verschlang ich Bücher und Audiobooks von Robert Kiyosaki, Tim Ferriss und vielen mehr.

Mein Studium der finanziellen Bildung hatte unaufhaltsam seinen Weg genommen. Und als dann im Sommer des nächsten Jahres unser jüngster Sohn geboren wurde, hatten wir bereits in unsere ersten Immobilien investiert.

Finanzieller DURCHBRUCH

Kapitel 1 - Warum Geld total wichtig ist //
Warum Geld total unwichtig ist

Schon immer haben mir die Gesellschafts-spiele mehr zugesagt, die eher auf Strategie als auf Glück angelegt sind. Das mag zum Teil darin begründet sein, dass mein Vater prinzipiell Spiele mit Würfeln nicht mochte. Wenn ich also mit meinem Vater spielen wollte, kamen nur Schach und Co infrage - oder aber Spiele mit Spielgeld. Ein anderer Grund ist sicherlich, dass ich gerne die Situation unter Kontrolle habe. Nur vom Zufall abhängig zu sein, nur von den Umständen, erschien mir noch nie als erstrebenswerter Zustand.

Was auch immer der Grund letztendlich sein mag, oft saß ich als Kind da und hatte schön sortierte Stapel von Spielgeld vor mir liegen.

Haben Sie sich eigentlich schon einmal gefragt, was solch ein Spielgeld-Schein eigentlich wert ist?

Wenn ich den Zuhörern in meinen Vorträgen diese Frage stelle, bekomme ich oft sehr unterschiedliche Antworten. Diese lassen sich in der Regel in folgende zwei Kategorien einteilen:

Die einen denken über die Produktions-kosten für dieses Spielgeld nach. Das sind hauptsächlich Kosten für Design, Papier und

Druck. Leute, die diese Art von Antworten geben, nennen in Anbetracht der großen Auflage oft sehr kleine Centbeträge. Im Wesentlichen ist für sie dieses Geld so gut wie nichts wert.

Die anderen denken in der Welt des Spiels. Für sie haben die Spielscheine sehr wohl einen Wert, nämlich genau den, der ihnen innerhalb der Spielregeln zugemessen wird. Innerhalb des Spiels dient das Geld als Tauschmittel, um Dinge zu erwerben, die schließlich zum Sieg führen können.

Ich bin überzeugt, dass beide Personengruppen recht haben - jede innerhalb ihrer Betrachtungsweise. Und aus beiden Perspektiven können wir etwas für das reale Geld lernen:

Geld ist eigentlich wertlos. Während vor langer Zeit einmal zum Beispiel Gold und Silbermünzen als Geldwährung einen realen Wert hatten, ist das Geld, das wir heutzutage in den Händen halten, im Wesentlichen wertlos. Unser Geld hat also nur einen Wert, weil Spielregeln festgelegt wurden, die ihm eben genau diesen Wert zuordnen.

Das wiederum bedeutet, dass diejenigen, die die Spielregeln verstanden haben und eine erfolgreiche Strategie entwickeln, am Ende die größten Chancen auf den Sieg haben.

Weiterhin ist es bei den meisten Spielen so, dass nicht unbedingt derjenige gewinnt, der am Schluss am meisten Geld hat. Vielmehr steht derjenige am Schluss als Sieger da, der verstanden hat, das Spielgeld in Werte umzutauschen, die Siegespunkte bringen.

Diejenigen, die die Spielregeln verstanden haben und eine erfolgreiche Strategie entwickeln, haben am Ende die größten Chancen auf den Sieg.

Auch hier von können wir zwei Rückschlüsse auf die Wichtigkeit des Geldes ziehen. Einerseits ist Geld total unwichtig. Ich kann mich nicht erinnern, von jemandem gehört zu haben, der am Ende seines Lebens bereut hat, nicht genug Geld angehäuft zu haben. Die wirklich wichtigen Dinge im Leben, wie Liebe und Loyalität, Freundschaft und Frieden lassen sich mit Geld nicht kaufen. Und Geld, nur um seiner selbst willen, hat an sich keinen Nutzen.

Andererseits ist Geld total wichtig! Die meisten Dinge, die wir auf unserem Lebensweg bewegen wollen, benötigen Finanzen, um ins Rollen zu kommen. Wenn ich also positiven Einfluss nehmen möchte, etwas verändern oder voranbringen möchte, dann benötige ich dafür Geld. Dabei sind die Finanzen aber nicht das eigentliche Ziel, sondern lediglich das Werkzeug, das ich nutze, um wirklich

Wertvolles damit zu erreichen.

Letztendlich ist der Umgang mit Finanzen eine großartige Charakterschule. Wenn ich es schaffe, mit etwas so 'unwichtigem' wie Geld treu umzugehen, Mehrwert und Wachstum zu kreieren, dann kann mir langfristig auch mehr anvertraut werden - vielleicht sogar wirklich wichtige Dinge.

Kapitel 2 - Finanzen und Emotionen

Im September 2006 verbrachten meine Frau Hanna und ich einige Wochen in Sydney, Australien. Eigentlich wollten wir dort Freunde besuchen, die gerade in einer Krise steckten. Aber alles kam anders, denn während wir die Reise nach Australien gebucht hatten, hatten sie bereits den Rückflug nach Deutschland bezahlt.

Ich war noch Student, gab Nachhilfe und hatte einen kleinen Hiwi-Job an der Universität, Hanna arbeitete in Teilzeit als Krankenschwester und Nanny. Aufgrund unserer damals niedrigen Einkünfte hatten wir bei der Buchung des Fluges kein Geld für eine Reiserücktrittsversicherung ausgeben wollen.

Also flogen wir dennoch nach Sydney und machten das Beste aus der Situation. Spontan arrangierten wir über gute Freunde ein Praktikum in einem Projekt für Kinder vor Ort und über andere Freunde fanden wir Übernachtungsmöglichkeiten, meist jeweils für ein paar Tage am Stück in einer WG.

Eine Woche lang durften wir auf einer Luftmatratze im Wohnzimmer eines schicken Appartements ganz in der Nähe von Maroubra Beach wohnen. In dieser WG wurde uns beiden der enge Zusammenhang zwischen Finanzen und Emotionen zum ersten Mal so richtig bewusst. Der Hauptmieter des Apartments war ein liebenswerter, unternehmerisch denkender und sportlicher Typ. Allerdings war seine Lebenssituation etwas anders als die der meisten Studenten, die sich mit kleinen Nebenjobs über Wasser halten: Er versuchte seinen Lebensunterhalt mit Daytrading auf dem Aktienmarkt zu bestreiten.

Verstehen Sie mich hier nicht falsch. Mit Aktien zu handeln hat seine Zeit und seinen Ort. Man kann mit guten Strategien sehr erfolgreich damit zurechtkommen – insbesondere, wenn man lediglich Geld einsetzt, das man notfalls auch komplett verlieren könnte. Bei unserem Freund war es aber etwas anders. Er musste mit dem Geld, das er zur Verfügung hatte, täglich nach den geschätzten Trends Gewinne erzielen, um die Miete und das Essen für die nächste Woche bezahlen zu können.

Wie Sie sich vorstellen können, war diese Art, Aktien zu handeln nicht gerade die entspannteste. Täglich konnten wir beobachten, welche Achterbahnfahrt seine Emotionen mit den Kursen durchmachten, wie abhängig er von verschiedenen Tipps und Trends war und wie unsicher sein Erfolg.

Die Geschichte ging für unseren damaligen Gastgeber letztendlich gut aus und er ist heute ein geschätzter Ingenieur mit einem sehr guten

Einkommen. Aber mich ließ das Thema seitdem nicht mehr los. Ich wollte erkunden, wie unsere Emotionen und Entscheidungen zusammenhängen und welche Rolle Gefühle im Umgang mit Geld spielen.

Nicht zuletzt interessierte mich die Sache auch deshalb, weil Finanzen bei meinem anderen Lieblingsthema 'Beziehungen' einer der besonders kritischen Bereiche ist. Mehreren Umfragen zufolge sind Diskrepanzen im Umgang mit Geld oder finanzielle Probleme eine der hauptsächlichen Scheidungsursachen in unserer westlichen Welt. Und auch für Hanna und mich war dieses Thema besonders zu Beginn unserer Ehe zumindest ein häufiger Anlass zum Streiten.

Ich wollte erkunden, wie unsere Emotionen und Entscheidungen zusammenhängen und welche Rolle Gefühle beim Umgang mit Geld spielen.

In den nächsten Kapiteln werden wir also einen genaueren Blick darauf werfen, welche Rolle Finanzen und Emotionen in unserem Leben spielen und wie unsere Entscheidungen damit zusammenhängen.

Finanzieller DURCHBRUCH

Kapitel 3 - Emotionale Antriebsmuster

Vor einigen Jahren entwickelten wir mit guten Freunden den Beziehungskurs "DateNight", der mittlerweile regelmäßig in einigen Städten in Deutschland und der Schweiz stattfindet. Gemeinsam entdeckten wir im Laufe der Zeit, dass viele Auseinandersetzungen rund um das Thema Geld daher stammten, dass die Gründe verschiedener Menschen für ihren Umgang mit Geld sehr unterschiedlich sein können.

Schicken Sie einfach mal ein frischgebackenes Pärchen zusammen einkaufen und sie werden sehr schnell feststellen, dass die beiden normalerweise recht unterschiedliche Prioritäten oder Strategien dabei verfolgen. Diese kommen einerseits von den unterschiedlichen Persönlichkeiten, andererseits aber auch von Prinzipien, die man in seinem Elternhaus oder aufgrund seiner Biografie im Laufe der Zeit erlernt hat. Normalerweise treiben uns diese unterbewusst an, ohne dass wir sie reflektieren. Wer sich allerdings unnötige Konflikte ersparen oder finanziell gebildet sein möchte, sollte sich zumindest einmal Gedanken darüber gemacht haben, welches die ureigenen Antriebsmuster sind.

Im Wesentlichen konnten wir die verschiedenen Beweggründe auf vier Kategorien eingrenzen:

1) Stil und Qualität

Leute mit einem Hang zu gutem Stil und Qualität, legen Wert auf Markenwaren oder haben gewisse Standards, die sie beim Einkaufen niemals unterschreiten wollen. Sie kaufen sich lieber einmalig ein teures Produkt, das langfristig halten wird, als ein Billigprodukt, das alle paar Jahre ersetzt werden muss. Als Investoren tendieren sie dazu, in etablierte Werte zu investieren oder in Dinge, zu denen sie durch ihre gute Recherche besonderes Vertrauen gefasst haben.

2) Spaß und Vergnügen

Wer hier seinen Schwerpunkt hat, legt typischerweise viel Wert auf Hobbys und Urlaub. Eine solche Person gibt gerne Geld für besondere Events und Abenteuer aus. Meist hat für sie gerade die Abwechslung einen besonderen Reiz, auch wenn dahinter nicht unbedingt immer sofort ein sichtbarer Mehrgewinn steckt. Wer Spaß und Vergnügen liebt, probiert also gerne Neues aus, und ist als Investor bereit, größere Risiken dafür in Kauf zu nehmen.

3) Versorgung und Sicherheit

Menschen, für die dieser Wert besonders

wichtig ist, sparen gerne. Sie mögen es, wenn am Monatsende noch viel Puffer auf dem Girokonto ist und haben gerne noch mindestens ein weiteres Konto für alle Fälle angelegt. Typischerweise sind sie nicht so gerne gewillt, große Veränderungen anzustreben, da dies potenzielle Unsicherheiten mit sich bringt. Als Investoren setzen sie auf ein geringes Risiko und geben grundsätzlich nicht so gerne Geld aus.

4) Unabhängigkeit und Einfluss

Wer nach Unabhängigkeit und Einfluss strebt, möchte in Werte investieren, die langfristig etwas bringen, oder eine nachhaltige Veränderungen bewirken. Eine solche Person möchte möglichst frei von Abhängigkeiten von Gesellschaft und Markttrends sein. Im Bereich der Investitionen sucht man hier eher nach etwas, das nicht nur einmalig, sondern regelmäßig Geld einbringt und langfristig wächst.

Lassen Sie mich das Ganze anhand von Nutella beziehungsweise Haselnuss-Schoko-Creme verdeutlichen:

Jemand, dessen Prioritäten im Bereich Stil und Qualität liegen, würde darauf bestehen, dass original Nutella eingekauft wird. Oder aber diese Person würde bewusst die verschiedenen Produkte nach Inhaltsstoffen analysieren und das persönlich ideale Produkt auswählen, unabhängig von dessen Preis.

Leute, die von Spaß und Vergnügen angetrieben werden, würden im Gegenteil versuchen, möglichst verschiedene Sorten auszuprobieren und sich ein Spiel daraus machen. Wenn eine Marke dann auch noch Fußball-Sticker dabei hat, wäre das für sie besonders attraktiv.

Wenn Sicherheit und Versorgung besonders wichtig ist, würde man sich das Produkt mit dem idealen Preis-Leistungs-Verhältnis aussuchen oder auch einfach nur das günstigste. Wenn dies dann gerade im Angebot ist, wäre es erstrebenswert, sich einen Vorrat für daheim anzulegen, damit man im Notfall nicht mit leeren Händen dasteht. Oder aber man sagt sich, dass Haselnuss-Schokocreme ohnehin nicht so gesund sei und gibt am Besten gar kein Geld für so etwas Unnötiges aus.

Wenn jemandem schließlich Unabhängigkeit und Einfluss besonders wichtig ist, würde diese Person vermutlich versuchen, das Equipment zu erwerben, um die Haselnuss-Schoko-Creme selbst herzustellen. Und wenn dies gelingt, würde man ernsthaft darüber nachdenken, das Ganze zu vermarkten und als eigenes Produkt zu verkaufen.

Vermutlich werden Sie festgestellt haben, dass jeder dieser vier Bereiche, seinen Reiz hat. Dennoch ist es meist so, dass man dazu neigt, einen oder zwei dieser Werte zu priorisieren und dementsprechend einzukaufen, zu investieren oder auch nur den Alltag mit Geld zu bestreiten. Wer sich über seine unter-bewussten Beweggründe im Klaren ist, kann viel nüchterner an Entscheidungen herangehen und erspart sich dadurch viel Ärger. Hierin steckt auch der Grund, warum es sich lohnt, verschiedene Leute um Rat zu fragen, bevor man eine große Entscheidung trifft. Die unterschiedlichen Blickwinkel helfen, die Sachlage realistischer einzuschätzen und letztendlich eine weise Entscheidung zu treffen.

Wer sich über seine unterbewussten Beweggründe im Klaren ist, kann viel nüchterner an Entscheidungen herangehen und erspart sich dadurch viel Ärger.

Finanzieller DURCHBRUCH

Kapitel 4 - Die drei Feinde von Freiheit, Frieden und Fortschritt

Freiheit, Frieden und Fortschritt gehören zu den wichtigsten Zielen und Bedürfnissen von uns Menschen, für die es sich zu kämpfen lohnt. Und dabei rede ich gar nicht so sehr von den äußerlichen politischen Bedingungen oder persönlichen Lebensumständen.

Denn die eigentlichen Kämpfe des Lebens finden nicht auf Schlachtfeldern statt. Auch nicht in grauen Gerichtssälen oder auf unseren schicken Smartphones. Die entscheidenden Schlachten werden in der Welt unserer Gedanken und Gefühle entschieden.

Es sind nicht die äußeren Umstände, die bestimmen wie erfolgreich und zufrieden wir sind. Wann und wo wir geboren sind, in welchem Umfeld wir leben, welchen Beruf wir haben, welche Schicksalsschläge wir erfuhren oder welches Glück uns zuteilwurde - all das kann natürlich einen gewissen Einfluss nehmen, aber es gibt nicht den entscheidenden Ausschlag. Genau genommen suggeriert uns ein Blick in die Geschichte das Gegenteil. Meist sind es nämlich nicht diejenigen, die das beste Elternhaus haben, das größte Einkommen oder den erfolgsversprechendsten Standort, die entscheidenden Einfluss in der Welt nehmen und etwas bewegen. Es sind noch nicht einmal die Talentiertesten, die Stärksten oder die Gebildetsten.

Offensichtlich kommt es vielmehr auf unsere innere Einstellung an. Die Art, wie wir mit eben diesen Umständen umgehen macht den Unterschied. Hier in unserem Inneren entscheidet sich, ob wir uns durch Rückschläge entmutigen lassen, ob wir aus Fehlern lernen und ob wir Niederlagen in glorreiche Siege verwandeln können.

Die eigentlichen Kämpfe des Lebens finden nicht auf Schlachtfeldern statt – sie werden in der Welt unserer Gedanken und Gefühle entschieden.

Ich selbst durfte in meinem Leben diese Erfahrung auch schon des Öfteren am eigenen Leib machen. Als ich mein Studium der Physik anfing, scheiterte ich die ersten beiden Semester völlig. Im ersten Semester bestand ich erst knapp in der Nachprüfung, im zweiten schaffte ich nicht einmal diese. Ich hatte mich viel zu viel auf mich selbst, meine Probleme und meine ToDos konzentriert und befand mich in einem negativen Strudel der Ängste und Sorgen, statt mich auf das Gute zu fokussieren und das Leben in seiner Fülle zu leben.

Im dritten Semester machte ich einiges anders. Als erstes begann ich in meiner Freizeit wieder ehrenamtlich in der Kirche mitzuarbeiten, mich um Menschen zu kümmern und Musik zu machen und lernte dort als Teamplayer und Teamleiter mehr als im Studium im ‚stillen Kämmerlein'. An der Uni allerdings gründete ich auch ein Team und wir lernten von nun an gemeinsam. Entgegen meiner Angst, als zukünftiger Versorger zu versagen, planten Hanna und ich unsere Hochzeit Anfang März 2005, weil dann das Semester und die Prüfungen vorüber sein sollten.

Doch mein Professor in Theoretischer Physik beschloss, seine Prüfung auf den Tag vor unserer Hochzeit zu verlegen. Ich hatte also keine Zeit mir Stress zu machen – weder wegen der Prüfung noch wegen der Hochzeit – und bestand auf Anhieb. Wir heirateten am Tag darauf und feierten bei Schnee und Sonnenschein.

Weil ich im diesem Semester gelernt hatte, härter zu arbeiten als je zuvor, nutzte ich den aufgebauten Schwung, besuchte ein paar Extra-Seminare, die mich interessierten und schloss mein Studium an der Elite-Uni souverän in acht Semestern ab, anstatt in den durchschnittlichen zwölf.

In seinem Buch ‚Failing Forward' schreibt John C. Maxwell: „Der Unterschied zwischen durchschnittlichen und erfolgreichen Menschen ist ihre Wahrnehmung von und ihre Reaktion auf ein Scheitern. Nichts anderes hat die gleiche Wirkung auf die Fähigkeit der

Menschen, das zu erreichen, was ihr Geist und ihr Herz begehren."[ii]

Der Unterschied zwischen durchschnittlichen und erfolgreichen Menschen ist ihre Wahrnehmung von und ihre Reaktion auf ein Scheitern

---

Im Wesentlichen gibt es drei Feinde, die sich in dieser inneren Welt den Zielen von Freiheit, Frieden und Fortschritt entgegenstellen: Angst, Sorgen und Scham. Um sie zu besiegen, muss ich mich selbst zunächst mit diesem Handicap annehmen. Je mehr Licht ich dann in das Dunkle dieser Bereiche bringe und sie verstehe, desto besser kann ich die negativen Einstellungen loswerden.

Lassen Sie uns nun also einen näheren Blick auf unsere Gegner werfen.

Angst verzerrt unsere Sicht auf die Realität. Sie kann uns zu dummen Verzweiflungstaten antreiben, aggressiv, autoritär, einschüchternd und gewalttätig machen oder auch einfach nur lähmen. Wenn Sie nur lange genug darüber nachdenken, werden Sie feststellen, dass fast alles Böse in unserer Welt letztendlich auf Angst bzw. mangelnde Selbstkontrolle darüber zurückzuführen ist. Sie kann uns zu den schlimmsten Taten und dümmsten Kurzschlussreaktionen treiben. Im harmlosesten Fall kann Angst genau das sein, was zwischen uns und unseren Träumen steht.

Nehmen wir einmal meine Beziehung zu Wasser als Beispiel. Wasser und ich hatten keinen guten Start miteinander. Ich war als Kind ohnehin nicht so sportlich und meine Familie kein großer Fan vom Baden, denn der nahgelegene Bodensee war in den 80er Jahren noch sehr verschmutzt. Zudem fiel ich mit vier Jahren beim Balancieren über eine schmale, rutschige Planke in den Sumpf. Obwohl mich meine Mutter innerhalb kürzester Zeit herausgezogen hatte, brannte sich dennoch das panische Gefühl, keinen Boden unter den Füßen und keinen Halt für die Hände zu haben, in mein Gedächtnis ein. Von nun an hatte ich Angst vor tiefem Wasser, lernte deshalb nur schwer schwimmen und dies auch nur, wo ich noch stehen konnte.

Es dauerte Jahre bis ich mich überhaupt daran wagte, diese unsichtbaren Barrieren aufzuweichen. Mit sechzehn fing ich an, nach und nach immer weitere Strecken im See zu schwimmen, als Student sprang ich am Strand in die Wellen und irgendwann auf einer Party sogar mal von einem Floß ins tiefere Gewässer. Mit meiner Frau schnorchelte ich auf Kreta bis zu einer kleinen Insel.

Im meinem vierunddreißigsten Lebensjahr schließlich waren wir mit den Kindern in einer Therme. Wir schwammen und plantschten und sahen einen 3-Meter-Turm. So nebenbei erzählte ich meinem damals vierjährigen Sohn leichtsinnig, dass ich noch nie von solch einem Turm gesprungen war. Er blickte mich an, überlegte kurz und sagte: „Okay, ich warte hier und schau dir zu". Nun konnte ich meinen Sohn ja nicht mit unvernünftigen Ängsten beeinflussen, also blieb mir leider keine Wahl. Ich stieg hinauf! Oben traf ich einen anderen Vater mit seiner Tochter im Teenager-Alter und erklärte kurz die Situation - nur für den Fall, dass ich mich verletze, nicht mehr auftauche oder zumindest dumm beim Springen aussehe. Es stellte sich heraus, dass er genau in derselben Lage war und auch springen würde, wenn ich es tue. Also sprang ich. Und er auch.

Nachdem ich nun also mehr als zwei Drittel meines Lebens damit verbracht habe, Wasser, Baden und Schwimmen zu hassen, raten Sie mal, was mittlerweile meine Lieblingsorte zum Entspannen sind:

Meer, Schwimmbad, Sauna und See!

Könnte es sein, dass auch Ihre schönsten Erlebnisse, größten Erfolge und wildesten Träume auf der anderen Seite Ihrer Ängste zu finden sind?

Dann werden Ihnen diese Fakten gefallen: Die gute Nachricht zum Thema Angst ist, dass sie von allen drei Feinden am Leichtesten zu besiegen ist. Angst überwindet man, indem man in kleinen Schritten bewusst genau das tut, vor dem man sich eigentlich fürchtet. Und das immer wieder. Der Mut wächst, die Angst weicht zurück.

Es kann sogar so sein, dass das Überwinden einer Angst, eine ganze Kettenreaktion auslöst. Eine meiner Kolleginnen hat dies nach dem Absolvieren eines Kurses gegen Flugangst erlebt. Auf einmal waren so viele andere Dinge, die vorher bei ihr mit Ängsten belegt waren, kein Problem mehr und sie erlebte eine völlig neue Freiheit!

Könnte es sein, dass auch Ihre schönsten Erlebnisse, größten Erfolge und wildesten Träume auf der anderen Seite Ihrer Ängste zu finden sind?

Jim Rohn, der 2009 verstorbene, legendäre Persönlichkeitsentwickler, sagte: "Wir alle müssen eines von zwei Dingen erleiden: den Schmerz der Disziplin oder den Schmerz des Bereuens."[iii]

Disziplin ist letztendlich nichts anderes, als eine Entscheidung, das Richtige zu tun, auch wenn die Gefühle etwas anderes sagen. Sie ist das einfachste Gegengift für Angst, wenn wir uns dieser bewusst und mit voller Sinneswahrnehmung stellen. Ich liebe die Aussage in dem Lied ‚Heute nicht‘, in dem es heißt: „Angst ist nur ein Lügner ohne jede Kraft".[iv]

Lassen Sie uns zu denen gehören, die durch ihre Disziplin Ängste überwinden, in unbekannte Gebiete vordringen und neue Freiheit finden!

Sorgen sind komplexer als Ängste. Während Angst sich wie ein eiserner Vorhang zwischen uns und unsere Freiheit stellt, sind Sorgen eher wie Gewichte an unseren Beinen und unnötig schweres Gepäck, das wir mit uns herumtragen. Sie bremsen uns aus, berauben uns der Energie und nehmen uns den Frieden. Im schlimmsten Fall bringen Sie uns dazu, aus Frustration aufzugeben und lieber ein kleines, durchschnittliches und langweiliges Leben zu führen. Um nochmal Jim Rohn zu zitieren: "Wenn du nicht bereit bist, das Ungewöhnliche zu riskieren, wirst du dich mit dem Gewöhnlichen zufrieden geben müssen."[v]
Wenn wir uns Sorgen machen, generiert unsere Vorstellungskraft ein negatives ‚Was-wäre-wenn-Szenario'. Dies kann durch aktuelle Umstände oder vergangene Erfahrungen begründet sein, oftmals aber auch komplett der Fantasie entspringen.

Für mich persönlich haben bisher vor allem zwei Strategien funktioniert, um die Sorgen abzulegen:

Die erste, ich nenne sie die *Vernunft-Strategie*, zielt vor allem auf teilweise begründete Sorgen ab. Hier lohnt es sich, solch ein negatives Szenario nüchtern und rational, vielleicht auch mit der Hilfe eines vertrauten Freundes durchzuspielen.

Das erste Ziel ist dabei, das Ganze in die richtige Perspektive zu rücken: Wie schlimm wäre es denn wirklich, wenn ich mit diesem Projekt scheitere, wenn ich meinen Job verliere oder meine gesamten Finanzen? Ist nicht mein Leben und sind nicht meine Freundschaften und Beziehungen viel mehr wert, als all diese Dinge, die schief gehen könnten?

Das nächste Ziel ist, einen Plan zu finden, wie man aus dieser Misere wieder herauskommen könnte: Was wären meine nächsten Schritte, wenn meine schlimmsten Sorgen tatsächlich einträfen? Wie würde ich vorgehen und wer könnte mir dabei helfen?

Einen solchen Notfallplan in der Tasche zu haben, ist extrem hilfreich! Einerseits, weil er die Emotionen beruhigt, und andererseits, weil wir ihn tatsächlich eines Tages brauchen könnten und er uns davor bewahren kann, in ein Loch zu fallen und uns selbst zu bemitleiden.

Die zweite Möglichkeit ist die *Fantasie-Strategie*. Die Idee dahinter ist, die Sorgen mit ihren eigenen Waffen zu schlagen. Wer sagt denn, dass wir unsere Vorstellungskraft nicht auch in die positive Richtung benutzen könnten? Was wäre, wenn mein Plan gelingt? Wenn ich es tatsächlich schaffe? Wie groß wäre dieser Gewinn verglichen mit den Auswirkungen eines Scheiterns?

Ich erinnere mich noch gut an den Tag meiner mündlichen Abschlussprüfung am Ende meines Physikstudiums. Als ich am Morgen aufwachte, stellte ich mir diesen Moment vor, wenn ich aus dem Prüfungsraum heraus komme, die Hände im Siegesschrei zum Himmel erhoben und spürte bereits die Freude, die jede meiner Zellen durchdringen würde!

Und genauso fühlte es sich auch wenige Stunden später an.

Natürlich wache ich nicht jeden Morgen so auf, und manchmal ist es harte Arbeit, die Vorstellungskraft in diese Richtung zu lenken. Aber es lohnt sich! Sie haben wahrscheinlich schon mal von der sogenannten ‚Self-fulfilling Prophecy' nach Robert K. Merton gehört. Sie besagt, dass sich unsere Erwartungen und Vorhersagen durch unbewusste Mechanismen oftmals selbst erfüllen.

Wer sagt denn, dass wir unsere Vorstellungskraft nicht auch in die positive Richtung benutzen könnten?

Letztendlich habe ich das feste Vertrauen, dass jede Niederlage in einen Sieg verwandelt werden kann, wenn ich richtig damit umgehe. Schon oft bin ich aufgrund von Widerständen am Ende stärker aus einer Situation hervorgegangen - und dabei bin ich bei Weitem nicht alleine. Es ist einfach die Realität, dass wir auch hin und wieder Rückschläge einstecken müssen. Selbst wenn Dinge schief laufen oder Umstände schlecht aussehen, kann ich immer noch versuchen die Gelegenheit darin zu erkennen.

Scham ist sicherlich der subtilste unserer drei Feinde. Als ich mit einer befreundeten Psychologin über den Gedanken philosophierte, dass Angst und Sorgen den meisten Ärger in unserem Leben verursachen, meinte sie, ich solle die Scham nicht vergessen. Darauf antwortete ich: "Ich glaube Scham spielt bei mir keine Rolle mehr, dafür habe ich schon viel zu viel Mist in meinem Leben gebaut, als dass ich mich noch schämen müsste." Vermutlich hatte ich damit auch teilweise recht. In der Vergangenheit hatte ich gelernt, dass mir nichts so schnell peinlich sein muss und ich einen ehrlichen, transparenten Lebensstil führen kann, ohne mich für meine Missgeschicke, Fehler und Schwächen schämen zu müssen. Doch auf den Tipp hin, fing ich an zu recherchieren und stellte fest, dass Scham sehr wohl noch ein Thema in meinem Leben war.

Auch wenn aus physiologischer Sicht die körperliche Reaktion auf die drei Feinde unterschiedlich ist, sehe ich doch einen logischen Zusammenhang zwischen ihnen. Sorgen sind letzten Endes auch eine Art Angst, nämlich die Angst, nicht genug zu haben. Und Scham ist die Angst, nicht genug zu sein.[vi]

In ihrem Buch 'Die Gaben der Unvollkommenheit' definiert Brené Brown, die führende Forscherin auf diesem Gebiet, Scham wie folgt: "Scham ist das äußerst schmerzhafte Gefühl bzw. die äußerst schmerzhafte Erfahrung zu glauben, dass wir fehlerhaft sind und deshalb keine Liebe und Zugehörigkeit verdienen. [...] Scham untergräbt den Teil von uns, der glaubt, dass wir uns ändern und es besser machen können."[vii]

So wie Angst sich zwischen uns und die Freiheit stellt und Sorgen uns den Frieden rauben, so sabotiert Scham unseren persönlichen Fortschritt. Sie nagt an unserem Selbstwertgefühl und hält uns klein. Sie bringt uns zum Hochstapeln, Lügen und Vertuschen, weil wir viel zu viel darüber nachdenken, was andere über uns denken könnten – und weil wir dabei falsche Annahmen treffen. Browns Studien legen nahe, dass unser Ansehen bei anderen Menschen sogar steigt, wenn wir uns zeigen, wie wir wirklich sind. Verletzlichkeit baut Vertrauen.

Wenn ich in Coaching-Situationen Gruppen möglichst schnell zusammen wachsen lassen möchte, dann mache ich gerne eine Runde, in der wir peinliche Geschichten aus unserem Leben erzählen. Und ich mache den Anfang, um das Eis zu brechen. Am Ende haben wir dann nicht nur sehr viel gelacht, sondern fühlen uns einander deutlich näher und vertrauter als zuvor.

Gleichzeitig sind solche Gespräche das perfekte Gegenmittel für Scham. Brené Brown schreibt: "Scham hasst es, wenn sie in Worte gewickelt wird - sie kann nicht überleben, wenn sie geteilt wird."[viii]

Wir brauchen diese bewusste, knallharte Ehrlichkeit gerade in Bezug auf unsere Schwachheit. *Verletzlichkeit* ist der Schlüssel zum Fortschritt. Brown bezeichnet Verletzlichkeit als Geburtsort von Innovation, Kreativität und Veränderung und als direkte Maßeinheit für Mut. Das erinnert mich an den Apostel Paulus, der als Antwort auf persönliche Angriffe vor circa zweitausend Jahren an seine Gemeinde in Korinth schrieb: "An mir selbst jedoch will ich nichts rühmen - nichts außer meinen Schwachheiten. [...] Denn gerade dann, wenn ich schwach bin, bin ich stark."[ix]

Verletzlichkeit ist der Geburtsort von Innovation, Kreativität und Veränderung und eine direkte Maßeinheit für Mut

Kapitel 5 - Wie Emotionen für Sie arbeiten

Einige würden sagen, dass es ja durchaus auch positive oder hilfreiche Aspekte von Angst, Sorgen und Scham gibt. Eine gesunde Angst könnte uns etwa davor bewahren, von einer Klippe ins Wasser unbekannter Tiefe zu springen. Sorge könnte uns dazu anhalten, dass wir kontrollierbare Risiken bei Investments minimieren. Und Scham könnte uns davor schützen, dass wir dumme Kommentare von uns geben. Ich würde diese Fähigkeit, Emotionen zu nutzen, um gute Entscheidungen zu treffen und unnötige Risiken zu vermeiden, eher als Weisheit bezeichnen. Weisheit ist durch Disziplin angewandtes Wissen, das sich mit der Zeit als Intuition oder als Gefühl äußern kann.

Fakt ist jedenfalls, dass wir Menschen emotionale Wesen sind. Die einen mehr, die anderen weniger. So oder so sind Gefühle ein Teil von uns und wir sollten lernen, nicht nur mit ihnen klarzukommen, sondern sie auch für uns zu nutzen.

Unsere Emotionen sind die Brücke zwischen unserem Denken und unserem Handeln. Wenn ich also mein Verhalten ändern möchte, muss zuerst meine Gefühlswelt verändert werden. Um aber meine Gefühle leiten zu können, muss ich meine

Gedanken im Griff haben. Allzu oft tendieren wir Menschen dazu, unsere Gedanken ziellos wandern zu lassen. Und danach wundern wir uns, dass es uns nicht gut geht. Typische sinnlose und unnötige Gedanken sind, sich Sorgen zu machen, was andere über uns denken, sich von einem negativen Kommentar oder einem eigenen Fehler herunterziehen zu lassen oder eine passive Konsumhaltung einzunehmen.

Der erste Schritt, um die Gedanken für sich nutzen zu können, ist also ihnen einen Zaum anzulegen, wie bei einem wilden Pferd. Sich selbst überlassen, würde dieses Pferd in die Wildnis reiten, abschweifen und alles Mögliche tun. Sobald ich es aber geschafft habe, im Sattel zu sitzen, im Sattel zu bleiben und die Zügel in die Hand zu nehmen, kann dieses ungestüme Tier großartige Leistungen vollbringen.

Wenn ich mein Verhalten ändern möchte, muss zuerst meine Gefühlswelt verändert werden. Um aber meine Gefühle leiten zu können, muss ich meine Gedanken im Griff haben

---

Lassen Sie mich Ihnen ein konkretes Beispiel geben. Vor einigen Jahren wollten wir mit Freunden gemeinsam ein ehemaliges Hotel kaufen und in Ferienwohnungen umwandeln. Es war ein sehr mutiges Projekt für unsere damaligen Verhältnisse, doch wir waren begeistert und sagten den Kauf schon einmal mündlich zu, sofern die Bank weiterhin mitmacht und unser Architekt eine gute Einschätzung der Bausubstanz gibt.

Doch alles kam anders. Die Bank war sehr zurückhaltend, da auch eine Gastronomie damit verbunden war und zögerte mit ihrer Entscheidung. Der Architekt schätzte das Gebäude nicht so ideal ein, wie wir uns dies erhofft hätten. Das an sich hätte noch funktioniert, aber unsere Freunde mussten dann auch noch aus persönlichen Gründen als Mitinvestoren aus dem Projekt aussteigen. Für uns ganz allein war das Projekt nun sicher eine Nummer zu groß und wir mussten leider absagen.

Was folgte, war eine Zeit der extremen emotionalen Belastung. Der enttäuschte Makler bombardierte mich förmlich mit Hass-mails, ging nicht ans Telefon und missverstand sämtliche Versuche, das Thema im Guten zu klären. Es verging gefühlt kaum ein Tag, an dem nicht irgendwelche bösen Worte in meinem Postfach ankamen. Nun muss man wissen, dass solch eine Situation nicht gerade meine natürliche Stärke ist. In Persönlichkeits-analysen erziele ich immer sehr hohe Werte beim Faktor der Umgänglichkeit, was bedeutet, dass ich sehr diplomatisch mit Menschen umgehen kann. Andererseits ist es mir auch sehr wichtig, mit allen Menschen Frieden zu halten - ich mache gerne Menschen glücklich und es macht mich fertig, wenn das Gegenteil passiert. Für jemanden mit meiner Persönlichkeit ist es also extrem schwer, in solch einer Situation die professionelle Distanz zu wahren. Ich war komplett am Boden zerstört. Es fühlte sich an, als würde jemand täglich eine volle LKW-Ladung an Last auf meine Schultern legen. Und da der Telefonkontakt nicht herzustellen war und alle schriftlichen Versuche, Frieden zu schaffen, an Missverständnissen scheiterten, stand ich ziemlich hilflos da. Die einzige Möglichkeit, die ich hatte, um mit der Situation fertig zu werden, war, meine Gedanken und Gefühle in den Griff zu bekommen.

Zum Glück kannte ich durch meinen lebendigen Glauben und mein Bibelstudium die Macht gesprochener Worte. Ich betete für den Makler, ich sprach Vergebung aus, und ich sprach auch zu meinem Herzen und zu meiner Seele. Genauso wie ich mich trotz den negativen Gefühle aktiv entscheiden musste, zu vergeben, so musste ich mich auch entscheiden, Wahrheiten auszusprechen, die meinen momentanen Gefühlen zuwider liefen. Ich sprach aus, dass es meiner Seele gut geht. Ich sprach aus, dass mein Herz Ruhe finden kann. Ich zählte die Dinge auf, für die ich dankbar war. Ich erinnerte mich aktiv an das, was gut lief und mir Kraft gab. Ich sprach Gutes über der Person aus, die so viel Hass streute und versuchte, ein Stück von Gottes Liebe für sie zu finden. Sorgen wurden durch Hoffnung ersetzt, Angst durch Mut, Scham durch Selbstwert, Anklage durch Vergebung und Hass durch Liebe. Die Emotionen, die mich fast zerstört hätten, begannen, für mich zu arbeiten.

Nicht nur fand mein Herz dadurch Ruhe, trotz des extremen seelischen Drucks. Das Ganze öffnete auch die scheinbar verschlossene Tür. Nach ein paar Wochen kam ich am Telefon durch. Wir konnten reden. Ich musste Einiges schlucken, konnte aber dadurch, dass ich mir ab und zu auf die Zunge gebissen habe, alles klären. Alles. Erst vor Kurzem haben wir uns mal wieder auf der Straße getroffen und uns gut unterhalten, als wäre nie etwas Schlimmes gewesen.

Sie brauchen nicht erst durch solche Täler zu gehen, um auf die Idee zu kommen, Ihre Worte zu nutzen, um Ihre Gefühle und Gedanken in die richtige Richtung zu leiten. Sie können es jederzeit tun, in Siegen, in Niederlagen und im gewöhnlichen Alltag. Es liegt in Ihrer Hand, ob Ihre Emotionen zerstören oder aufbauen, verletzen oder heilen, Verzweiflung oder Hoffnung bringen. Nehmen Sie die Zügel in die Hand!

*Es liegt in Ihrer Hand, ob Ihre Emotionen
zerstören oder aufbauen, verletzen oder heilen,
Verzweiflung oder Hoffnung bringen.*

Kapitel 6 - Emotionale Fallen bei der Entscheidungsfindung

So sehr uns die Gefühlswelt helfen kann, so müssen wir uns auch ihrer Tücken bewusst sein. Es gibt abgesehen von den offensichtlichen Gegnern namens Angst, Sorgen und Scham viele kleine emotionale Fallen, die uns einen Streich spielen können. Und oft merken wir viel zu spät, welch dumme Entscheidungen wir dadurch getroffen haben. In diesem Kapitel finden Sie meine Erfahrungen zu den häufigsten Gefahren in diesem Bereich und jeweils eine Strategie, um die Falle zu umgehen.

Die Schnickschnack-Falle

Ist es Ihnen schon einmal passiert, dass Sie aus einem Multimedia-Shop oder Schuhladen gelaufen sind und auf einmal bereuten, etwas nicht Geplantes für viel Geld gekauft zu haben? Spontane Begeisterung für irgendwelchen Schnickschnack kann uns leicht dazu verleiten, unnötig viel Geld auszugeben oder uns gar durch 0%-Finanzierungen langfristig unter finanziellen Druck zu bringen. Und leider hört dies nicht bei Stereoanlagen und Schuhen auf. Diese Falle kann uns dazu verleiten, einen übertriebenen Neuwagen zu kaufen, unser Eigenheim zu groß zu dimensionieren oder uns eine Yacht zu leisten, wenn wir dafür noch nicht bereit sind. Je größer der Wohlstand, desto größer der Schnickschnack. Es ist ja nicht so, dass an diesen Dingen an sich etwas Schlimmes wäre. Aber sie haben das Potenzial, die Stärke aus unseren Finanzen zu stehlen.

Die beste Gegenstrategie ist Kontrolle. Und zwar Kontrolle von außen, da wir uns selbst manchmal nicht voll vertrauen können. Auch wenn es für manche von Ihnen lächerlich klingen mag, meine Frau Hanna und ich besprechen jede Ausgabe über fünfzig Euro vorher miteinander. Diese Grenze können Sie natürlich beliebig hoch definieren - wir haben sie, mit Ausnahme der wöchentlichen Einkäufe von Nahrungsmitteln und Co, bewusst eher niedrig angesetzt. Zusätzlich haben wir für jeden ein Taschengeldkonto, auf das wir regelmäßig etwas einsparen. Von diesem Konto bezahlen wir unsere individuellen Hobbys und die Geschenke füreinander und müssen einander hierfür keine Rechenschaft ablegen. So stellen wir sicher, dass wir eine gute Mischung aus Kontrolle und Freiheit haben.

Die Kaufen-Sie-Jetzt-Falle

Diese Falle ist eng mit der Schnickschnack-Falle verwandt, versucht aber die Kontrolle zu umgehen, da gerade jetzt ein besonders gutes Angebot besteht, das morgen vielleicht schon verstrichen sein könnte. Sie zeigt sich in allen möglichen Bereichen des Lebens von Mode über Versicherungen bis zu Investments.

Natürlich verstehe ich, dass der Markt manchmal tatsächlich so funktioniert und ich vielleicht am nächsten Tag andere Konditionen vorfinden werde. Dennoch ist die Gefahr groß, keine weisen Entscheidungen zu treffen, wenn der Entscheidungszeitraum zu kurz dimensioniert ist. Wir persönlich bestehen auf einem Tag Bedenkzeit, auf der Möglichkeit, eine Nacht über einer Entscheidung zu schlafen. So viel sollte normalerweise drin sein. Ansonsten verzichten wir notfalls gerne auf einen guten Deal, wenn es uns häufig davor bewahrt einen großen Fehler zu begehen.

Wenn ich selbst in meinen Coaching-Gesprächen Kunden helfe, ihre Finanzen zu stärken und bei Immobilieninvestments begleite, bestehe ich darauf, bewusst einen Schritt nach dem anderen zu gehen und zu verstehen.

Die Ich-will-nicht-dumm-aussehen-Falle

Eine eben erwähnte Bedenkzeit nützt allerdings nur dann etwas, wenn man die Grundlagen einer Entscheidung verstanden hat. Gerade in jungen Jahren, wollte ich oft vor den Anderen besonders gut dastehen, statt zuzugeben, dass ich etwas noch nicht wirklich begriffen hatte. Rückblickend war das nicht besonders intelligent und hat mich einige Male einen hohen Preis gekostet, zum Beispiel, als ich mich am Anfang unserer Ehe zu einem teuren Bausparvertrag überreden ließ.

Fragen hingegen kostet nichts. Lieber hake ich nach, bis ich komplett verstanden habe, wie etwas funktioniert, als dass ich mich auf Dinge einlasse, die ich nicht wirklich begreife. Sollte jemand deswegen auf mich herabschauen, hat er es auch nicht verdient, dass ich mit ihm Geschäfte mache.

Die Kontroll-Freak-Falle

Es fühlt sich gut an, über alles und jederzeit die volle Kontrolle zu haben. Aber erstens ist absolute Kontrolle ohnehin eine Illusion und zweitens limitiert man damit seine Kapazität auf das Extremste. Ein guter Leiter kann Aufgaben in vertrauensvolle Hände abgeben und auch tatsächlich loslassen. Ein intelligenter Immobilien-Investor, wird sicherlich nicht all seine Objekte selbst verwalten, sondern gerne dafür ein paar Euro mehr zahlen, um den Kopf frei zu haben und langfristig mehr erreichen zu können. Bei Immobilien bedeutet das für mich auch, dass sie überhaupt nicht in der Nähe meines Wohnorts sein müssen. Das mag sich zwar subjektiv besser anfühlen, schließt aber einerseits sehr viele deutlich bessere Deals aus und verleitet andererseits allzu leicht dazu, wieder maximale Kontrolle haben zu wollen.

Wer viel erreichen möchte, muss lernen,

Dinge abzugeben, zu delegieren und zu
vertrauen. Natürlich suche ich meine
Vertrauenspersonen gut aus. Dann muss ich
aber loslassen können, um ihnen zu
ermöglichen, überhaupt eine gute Arbeit zu
leisten.

---

*Wer viel erreichen möchte, muss lernen, Dinge
abzugeben, zu delegieren und zu vertrauen*

Die Opfer-Falle

Und was, wenn nun doch etwas so richtig
schief läuft? Der Storywriter, Marketing-
Experte und Drehbuchautor Donald Miller
sagt, dass wir im Leben im Wesentlichen vier
Rollen einnehmen können: die des Opfers, des
Helden, des Bösen oder des Mentors[x]. Wir sind
uns hoffentlich einig, dass die des Bösen nicht
die beste Wahl ist. Diejenige des Opfers ist
aber fast genauso schlecht, da ein Opfer passiv
durch seine Umstände und andere bestimmt
wird und sein Leben nicht selbst in die Hand
nimmt, um proaktiv etwas zu ändern. Dennoch
höre ich an allen Ecken und Enden täglich
Menschen, die die Sprache eines Opfers
sprechen. Sie beklagen sich über ihre
Vorgesetzten, die Regierung, die Reichen, die
Banken, die Bettler, die Bahn ... und im
Wesentlichen über alles. Vermutlich ist jeder
von uns schon einmal in die Falle getappt,
anderen die Schuld zu geben. Wenn wir dies

aussprechen, geben wir aber genau diesen anderen auch die Macht, Akteure zu sein, und drängen uns in die Ecke des Opfers.

Die einzige und leider etwas unbequemere Alternative ist die, Verantwortung für unser Leben zu übernehmen, wie es ein Held und auch ein Mentor tun würde. Letztendlich ist es doch egal, wessen Schuld es ist, dass eine negative Situation zustande kam. Das Entscheidende ist, wie ich wieder heraus komme, beziehungsweise wie ich die Situation zum Guten wenden kann. Wenn wir ehrlich sind, haben wir uns manchmal selbst in eine missliche Lage hinein geritten. Sobald wir aber die Verantwortung ergreifen, können wir uns auch wieder hinaus navigieren. Mittlerweile liebe ich es, zu meinen Fehlern zu stehen, weil ich weiß, dass ich daran wachsen werde und die Dinge zu einem guten Ende führen kann.

Und um auch kurz auf den Mentor einzugehen: wer sich trotz negativer Gefühle oder gar Depression entscheidet, anderen zu helfen und für sie da zu sein, dem wird - wie verschiedenste psychologische Studien gezeigt haben - genau dies helfen, sich aus dem emotionalen Loch zu befreien und neuen Sinn im Leben zu erkennen.

Ich liebe es, zu meinen Fehlern zu stehen, weil ich weiß, dass ich daran wachsen werde und die Dinge zu einem guten Ende führen kann

---

Die Kritiker-Falle

Ähnlich wie beim Opfer verhält es sich beim
Kritiker. Er geht sogar noch einen Schritt
weiter und nimmt sich aus der gesamten
Handlung heraus. Er setzt sich passiv an den
Rand des Spielfeldes, kommentiert, karikiert
und kritisiert. Es ist schockierend, wenn man
überlegt, ein welch großer Teil unserer
Gesellschaft sich täglich für diese unattraktive
Rolle entscheidet. Und wenn wir ehrlich sind,
ist die Versuchung manchmal sehr groß,
einfach nur zu beobachten und alles besser zu
wissen. Es gibt uns ein Gefühl der
Überlegenheit, um unseren eigenen Un-
vollkommenheiten für ein paar Minuten
entschwinden zu können. Fest steht aber, dass
ein Kritiker niemals etwas Wertvolles zustande
bringen wird.

Theodore Roosevelt hat es einst perfekt auf
den Punkt gebracht: "Es kommt nicht auf den
Kritiker an; nicht auf den Mann, der erklärt,
warum der starke Mann gestrauchelt ist oder
wie ein Mann der Tat es hätte besser machen
können. Die Ehre gebührt dem, der tatsächlich
in der Arena steht, dessen Gesicht mit Staub
und Schweiß und Blut verschmiert ist; der
tapfer strebt; der sich irrt, wieder und wieder
scheitert, weil es kein Fortkommen ohne
Irrtum und Fehler gibt; der sich tatsächlich
bemüht, das Nötige zu tun; der den großen
Enthusiasmus und die wahre Hingabe kennt;

der für eine Sache, die es wert ist, alles gibt; der im besten Falle schließlich den Triumph einer großen Leistung kennen lernt und im schlimmsten Fall scheitert, weil er Großes gewagt hat, so dass sein Platz niemals bei den kalten, furchtsamen Seelen ist, die weder Sieg noch Niederlage kennen."[xi]

Die Wirbelwind-Falle

Wenn Sie alle anderen Fallen vermeiden und den perfekten Plan zum Erfolg haben, ist die Wirbelwind-Falle schließlich das, was Menschen in der Realität meistens davon abhält, die wirklich wichtigen Dinge zu tun. Selbst starke Leiter mit großartigen Visionen, Plänen und Strategien, schaffen es oft nicht, diese in die Praxis umzusetzen. Dies liegt vor allem an den vielen kleinen, alltäglichen Dingen, die dringend erledigt werden müssen und nach Aufmerksamkeit schreien, dem sogenannten Wirbelwind.

In ihren "4 Disziplinen der Umsetzung"[xii] fassen Sean Covey, Chris McChesney, Jim Huling und Andreas Maron die Ergebnisse all ihrer Studien in vier Werkzeuge zusammen, die helfen, trotz des Wirbelwindes, die wichtigen Ziele nicht aus den Augen zu verlieren:

1 Auf das absolut Wichtige fokussieren

Es ist entscheidend, maximal ein bis drei wichtige Ziele vor Augen zu haben, indem sie als eindeutige Ergebnisgröße definiert und für die einzelnen Beteiligten heruntergebrochen werden. Es sollte jedem jederzeit klar sein, welches messbare Ergebnis bis wann erreicht werden muss.

2 An den Frühindikatoren für Erfolg arbeiten

Nach Vilfredo Paretos Prinzip liefern zwanzig Prozent der Aktivitäten achtzig Prozent der Ergebnisse. Diese Aktivitäten sollten identifiziert, in messbare Verhaltensweisen umgesetzt und konsequent nachverfolgt werden.

3 Ein motivierendes Scoreboard pflegen

Wenn wir unsere Resultate, seien sie gut oder schlecht, simpel und anschaulich visualisieren und vor Augen haben, steigert dies die Motivation und das Engagement aller Beteiligten. Bei diesen Scoreboard sollte sowohl der Fortschritt bezüglich des großen, wichtigen Ziels, als auch der in den Frühindikatoren für Erfolg ersichtlich sein.

4 Regelmäßig Verantwortung übertragen

Wie ich schon bei der Kontrollfreak-Falle erwähnt habe, geht es meistens gemeinsam besser. Wenn wir eine Kultur etablieren, die auf Eigenverantwortung beruht, können Menschen in unserem Umfeld ihr Potential entfalten, anstatt klein gehalten zu werden. In wöchentlichen, kurz und fokussiert gehaltenen Meetings können die Fortschritte und das weitere Vorgehen bezüglich der großen Ziele und der Frühindikatoren für Erfolg besprochen werden.

Die Kombination dieser vier aufeinander aufbauenden Disziplinen führt zum Erfolg, so dass nicht nur dringende, sondern vor allem wichtige Aufgaben erfüllt werden.

Wenn wir unsere Resultate simpel und anschaulich visualisieren und vor Augen haben, steigert dies die Motivation und das Engagement

---

Kapitel 7 - Wie Erfolg ein natürliches Resultat werden kann

In den letzten Jahren habe ich das Leben vieler erfolgreicher Menschen studiert. Vor allem in den für mich besonders interessanten Bereichen Finanzen, Familie, Fitness, und Musik. Mit der Zeit fiel mir auf, dass alle, die es objektiv gesehen zu einem Erfolg gebracht haben, in der Regel einige bis alle der folgenden Dinge in ihrem Leben verstanden und umgesetzt haben. Manches davon haben wir in den vorigen Kapiteln bereits angesprochen, zu anderen gibt es reichlich Lektüre auf dem Markt. In den folgenden Abschnitten werde ich das Wichtigste in wenigen Sätzen zusammenfassen. Ich bin überzeugt, dass ein Mensch, der diese Punkte umsetzt, gar nicht anders kann, als in den Zielen, die er sich vorgenommen hat, früher oder später erfolgreich zu sein.

Sich mit den richtigen Menschen zu umgeben ist ein Faktor, der definitiv eine immense Auswirkung hat. Bestimmt haben Sie schon einmal den Spruch gehört: "Zeige mir, wer deine Freunde sind und ich zeige dir, wer du in fünf Jahren sein wirst." Erfolgreiche Leute haben Menschen in ihrem Umfeld, die sie herausfordern, ermutigen und unterstützen - kurz gesagt, Menschen, die Sie zu einer besseren Person machen.

Zeige mir, wer deine Freunde sind und ich zeige dir, wer du in fünf Jahren sein wirst.

Einen Mentor zu haben, ist die Erweiterung dieser Tugend. Es ist extrem vorteilhaft, wenn ich einen vorbildhaften Menschen in meinem Leben habe, der die Schritte, die ich als nächstes gehen muss, bereits geschafft hat. Er ist ein wertvoller Ratgeber, hilft mir wie ein Kompass, den richtigen Kurs zu halten und bewahrt mich davor, unnötige Fehler zu begehen. Es muss sich dabei auch nicht um die eine perfekte Person handeln, die jeden Teil ihres Lebens vollkommen im Griff hat, falls es so jemanden überhaupt gibt. Ich habe für verschiedene Bereiche meines Lebens unterschiedliche Vorbilder, die jeweils in dieser Sache erfolgreich sind.

Meine *Einstellung,* meine *Glaubenssätze* und *Erwartungen* haben enormen Einfluss auf die Art, wie ich mit Menschen umgehe, wie ich Dinge anpacke und damit auf meinen Erfolg oder Misserfolg. Oftmals lassen wir zu, dass unsere Gedanken unbedacht Negativität in unserem Leben verbreiten dürfen. So können sich Sorgen, Misstrauen, Bitterkeit und alle möglichen giftigen Einstellungen in unserem Leben breitmachen. Es ist so kraftvoll, wenn

wir stattdessen unser Denken reflektieren und
in Bahnen lenken, die uns stärken und
voranbringen, statt zu lähmen. Denn wenn ich
einen Kampf auf dem Schlachtfeld der
Gedanken gewonnen habe, ist es nur noch eine
Frage der Zeit, bis sich die Auswirkungen auch
im sichtbaren Leben zeigen.

Geben ist gesegneter als Nehmen. Dieses
Zitat von Jesus[xiii] trifft es auf den Punkt: Wenn
Sie großzügig sind und nicht nur an sich
selbst, sondern auch an andere denken, wird
dies früher oder später in positiver Weise auf
Sie zurückfallen. Das liegt nicht nur daran,
dass wir ohnehin nur dann Erfolg haben, wenn
wir für Menschen um uns herum einen
Mehrwert und so genannte Win-Win-
Situationen schaffen. Geben macht uns auch
noch glücklicher und damit effektiver, es hilft
uns, das große Bild im Blick zu behalten, uns
als Teil von etwas Größerem zu sehen und uns
selbst nicht zu wichtig zu nehmen. Dennoch
kann ich Ihnen dieses Naturgesetz nicht
vollständig erklären. Ich kann nur bestätigen,
dass ich es immer und immer wieder bei so
vielen Menschen und auch bei mir selbst erlebt
habe. Es scheint fast paradox, aber je besser
Sie im Geben sind, desto mehr werden Sie am
Ende haben.

> *Wir haben nur dann Erfolg, wenn wir für*
> *Menschen um uns herum einen Mehrwert und so*
> *genannte Win-Win-Situationen schaffen.*

Eine Bestimmung beziehungsweise eine Vision, *die größer als mein Leben ist* und andere Menschen erreicht, ist das 'Warum', das wir alle brauchen, um nicht aufzugeben, wenn es hart wird. Nur wenn ich wirklich verstanden habe, warum ich tue, was ich tue, werde ich es schaffen, solange dran zu bleiben, bis meine Ziele erreicht sind. Wenn Ihre Vision nur so etwas ist wie, "ich möchte reich werden" oder "ich möchte in zehn Jahren Millionär sein", wird das nicht genügen, um Sie in schwierigen Zeiten durchzutragen. Ihre Vision oder Bestimmung braucht dieses starke, leidenschaftliche 'Warum'. Und es muss um mehr als nur das eigene Ego gehen. Denn, wie mein Pastor Freimut Haverkamp sagt: ‚Wessen Gedanken und Ziele sich nur um ihn selbst drehen, der muss sich nicht wundern, wenn er sich lediglich im Kreis bewegt und nicht wirklich vorankommt‘. Ihr 'Warum' kann sowohl in Liebe als auch in Hass begründet sein, aber es muss leidenschaftlich sein. Meine Frau und ich lieben es zum Beispiel, Zeit miteinander und als Familie zu verbringen und Zeit und Energie für die Dinge zu haben, die uns wirklich wichtig sind. Das treibt uns an, aus dem Hamsterrad, in dem ich arbeiten muss, um genügend Geld zu verdienen, heraus zu kommen. Wir hassen Menschenhandel und die Tatsache, dass heutzutage geschätzt siebenundzwanzig Millionen Menschen in Sklaverei leben und damit mehr als jemals zuvor in der Geschichte. Daher setzen wir uns mit der Organisation A21 für die Abschaffung dieser brutalen Kriminalität im 21. Jahrhundert ein. Jeder Euro, den wir hier investieren, hat das Potenzial, Menschen aus Sklaverei zu befreien. Dies hilft uns, nicht nur an uns selbst zu denken und uns nicht auf unseren Siegen auszuruhen, sondern weiter voran zu gehen. Ohne diese starke, leidenschaftliche Bestimmung auf Ihrem Leben, werden Sie vermutlich früher oder später aufgeben - mit ihr sind Sie fast nicht zu stoppen.

Wessen Gedanken und Ziele sich nur um ihn selbst drehen, der muss sich nicht wundern, wenn er sich lediglich im Kreis bewegt.

Ziele festzulegen und zu evaluieren hilft uns dabei, im großen Bild die kleinen Schritte nicht aus dem Blick zu verlieren, die uns tatsächlich dorthin bringen, wo wir wollen. Außerdem können wir nur so die Etappenziele feiern und würdigen, da wir sonst nicht einmal merken, dass wir Fortschritte gemacht haben. Eines der Parkinsonschen Gesetze[xiv] besagt, dass die

Komplexität einer Aufgabe proportional zu der dafür zu Verfügung stehenden Zeit ist. Einfacher gesagt tendieren wir Menschen dazu, uns die Sache unnötig kompliziert zu machen und uns in Details zu verlieren, wenn wir uns zu viel Zeit für eine Aufgabe geben. Kleine Etappenziele, die wir uns selbst setzen und terminieren, helfen, immer den nächsten Schritt im Auge zu haben und uns auf diesen zu fokussieren, wobei wir das große Bild nicht ganz aus den Augen verlieren.

Schließlich braucht es eine gute *Balance zwischen harter Arbeit, Spaß und Entspannung.* Ohne harte Arbeit wird nichts vorangehen. Ohne Spaß und Entspannung werde ich nicht lange genug durchhalten, um bis ans Ziel zu kommen. Erfolgreiche Menschen nutzen beide Extreme mit voller Leidenschaft.

Die meisten Pläne, um über Nacht reich zu werden, ohne einen Finger dafür zu krümmen, funktionieren nicht. Und wenn es doch einmal klappen sollte, fehlt den Menschen die Vorbereitung auf diesen plötzlichen Erfolg, so dass sie genauso schnell wieder fallen wie sie aufgestiegen sind. Es gibt im Leben eben keine Abkürzungen. Langfristigen Erfolg hat nur der, der auch etwas dafür tut.

Die Siege, und seien sie noch so klein, müssen aber gefeiert werden. Diese Aufgabe nimmt uns keiner ab. Und selbst wenn die Siege auf sich warten lassen, ist es so wichtig, sich dennoch Zeit für die schönen Dinge im Leben zu nehmen, um wach, stark und voller Energie zu bleiben. Für die einen ist es ein Sport, für die anderen ein Hobby, für andere wiederum einfach gute Erlebnisse mit echten Freunden. Nehmen Sie sich die Zeit dafür - Sie werden es nicht bereuen.

Harte Arbeit oder Spaß und Entspannung?
Erfolgreiche Menschen nutzen beide Extreme mit
voller Leidenschaft.

Finanzieller DURCHBRUCH

Kapitel 8 - Fünf finanzielle Durchbrüche

Wenn es nun speziell um Ihre Finanzen geht, gibt es fünf einfache Dinge, die jeweils einzeln zu einem Durchbruch und zusammen zum Erfolg führen.

Strategie
Ich stelle immer wieder fest, dass ich nur in den Bereichen meines Lebens erkennbare Fortschritte mache, in denen ich eine starke Vision und einen klaren Plan habe. Ohne einen Plan ist es sehr schwer, Ziele zu erreichen. Das ist genau so, als wollten Sie mit dem Auto in ein unbekanntes Gebiet in den Urlaub fahren ohne Navigationssystem oder Smartphone und ohne einen Blick auf die Karte geworfen zu haben. Da ich selbst von Natur aus sehr strukturiert bin, fällt es mir relativ leicht Pläne zu schmieden. Andere brauchen vielleicht mehr Unterstützung von Freunden in diesem Bereich. Aber eines ist sicher: Sie brauchen einen Plan, eine Strategie, um dort anzukommen, wo sie hin wollen.

Vorhin haben wir bereits besprochen, dass erfolgreiche Menschen ihre Ziele festlegen und ständig evaluieren, wie weit sie gekommen sind. Zusätzlich hilft es, diese Ziele zu visualisieren, indem Sie Bilder malen oder eine Collage zusammenstellen, wie es aussehen wird, wenn sie am Ziel angekommen sind. Es fällt uns Menschen leichter mit Bildern umzugehen, als mit bloßen Buchstaben. Visuelle Reize sprechen unsere Emotionen deutlich stärker an und machen es somit einfacher, uns diszipliniert an unseren Plan zu halten und Erfolg zu haben.

Was die Finanzen anbelangt, so haben meine Frau und ich klar festgelegt wie viel Geld wir pro Monat zum Ausgeben zur Verfügung haben, wie viel wir spenden, wie viel wir für Investitionen zu Seite legen und wie viel wir als Sicherheit sparen. Entscheiden Sie, wie viel Prozent bei Ihnen wohin fließen sollen. Geld, das nicht Teil eines Plans ist, ist meistens so schnell wieder weg, wie es gekommen ist. Eines von Parkinsons Gesetzen besagt auch, dass mit den Einnahmen immer auch die Ausgaben steigen. Nur wer einen Plan hat und Geld gezielt zur Seite legt, kann dieses Naturgesetz im Griff haben.

Wir evaluieren diesen Plan, indem wir eine monatliche Budget-Übersicht pflegen und regelmäßig überprüfen, ob wir dieses Budget eingehalten haben.

Schließlich sieht unsere Strategie auch vor, jedes Jahr mindestens eine Immobilie zu erwerben. Anfangs waren dies Eigentums-wohnungen, mittlerweile sind es meist größere Projekte.

Dieser Plan kann natürlich ständig überarbeitet und verbessert werden - ohne einen Plan jedoch wären unsere Ziele von Anfang an zum Scheitern verurteilt. Aber mit einer starken Strategie positionieren wir uns für den Sieg.

Geld, das nicht Teil eines Plans ist, ist meistens so schnell wieder weg, wie es gekommen ist.

Spenden

Nun haben wir in den vorangegangenen Kapiteln schon Einiges über das Geben gehört. Ich stelle mir Großzügigkeit gerne wie das Säen von Saatgut vor. Ich weiß im Frühling bei der Aussaat noch nicht, wie groß die Ernte sein wird, aber ich weiß, dass ich säen muss, um überhaupt ernten zu können. Wahrscheinlich wird es manche Samen geben, die überhaupt nicht aufgehen, es wird aber auch Samen geben die normal wachsen und einige Pflanzen werden sogar meine Erwartungen übertreffen und besonders viel Frucht bringen. Doch auch die Ernte ist nicht für mich alleine da, sondern soll ein Segen für viele werden.

In der Natur scheint es ein ganz normales Prinzip zu sein, dass Geben wichtiger ist, als Nehmen. Dr. Robi Sonderegger erzählt gerne, dass er dies einst von Buschmännern gelernt hat: Schauen Sie sich mal einen Baum an und überlegen Sie, was er nimmt und was er dafür alles gibt. Er nimmt Sonnenenergie, Wasser und Nährstoffe aus der Erde und das CO_2 aus der Luft, das ohnehin keiner haben will. Er gibt dafür einen Lebensraum für viele Tiere, Moose und Flechten, den Menschen Zuflucht vor der Hitze im Sommer, die Schönheit seiner Blüten, Nektar als Nahrung für die Bienen und Früchte als Nahrung für Mensch und Tier mit neuem Saatgut darin und schließlich Sauerstoff zum Atmen. Sogar seine abgeworfenen Blätter werden zu Humus und wenn er gefällt wird, gibt er Holz für Handwerk, Hausbau oder zum Heizen.

Als ich mit sechzehn Jahren zum Glauben fand und Gottes Großzügigkeit in seiner Gnade und in seiner Schöpfung zu entdecken begann, wuchs auch mein Verständnis für das Geben. Ich entdeckte Bibelstellen, die dazu ermutigen, zehn Prozent meines Einkommens, das zugegebenermaßen damals noch nicht allzu groß war, in Gottes Haus zu spenden. Als ich es in die Tat umsetzte, realisierte ich, dass ich dennoch gut und sogar besser mit meinen übrigen Finanzen zurechtkam. Und ich erkannte auch, dass offensichtlich die meisten Erwachsenen dieses Prinzip noch nicht verstanden hatten, da in meiner damaligen Kirchengemeinde immer bekannt gegeben wurde, wie groß die Spenden des letzten Sonntags waren.

Später, als ich die Bücher erfolgreicher Leute las, die gut mit Geld umgehen konnten, sprachen auch sie von den zehn Prozent. Es scheint ein Schwellenwert zu sein, ab dem dieses Prinzip funktioniert – früher oder später wird diese Großzügigkeit auf Sie zurück fallen und Sie werden es nicht bereuen. Selbst wenn Sie nicht sofort positive finanzielle Auswirkungen spüren sollten, dann werden Sie sich doch zumindest zufriedener fühlen, denn geben macht erwiesenermaßen glücklich.

Darf ich Sie ermutigen, es einfach zu versuchen? Geben Sie ein halbes Jahr lang zehn Prozent Ihres Einkommens und schauen Sie, ob Sie am Ende mit dem Resultat zufrieden sind. Gerne dürfen Sie natürlich auch mehr geben, solange Sie sich damit nicht finanziell in große Gefahr bringen.

Ich stelle mir Großzügigkeit gerne wie das Säen von Saatgut vor. Ich weiß im Frühling bei der Aussaat noch nicht, wie groß die Ernte sein wird, aber ich weiß, dass ich säen muss, um überhaupt ernten zu können.

Sparsamkeit

Meine Frau Hanna und ich haben das Glück, beide in Familien groß geworden zu sein, die in diesem Bereich sehr vorbildlich sind. Ich bin bereits vorhin darauf eingegangen, dass von Natur aus mit jeden Mehreinnahmen auch die Ausgaben steigen. Wer sich also nicht absichtlich in seinen Ausgaben limitiert, wird niemals genug Geld übrig haben.

Wir legen regelmäßig gemäß unseres aktuellen Planes Geld für verschiedene Zwecke auf die Seite. Das sind zum Beispiel Sicherheiten oder Rücklagen für unerwartete Defekte und Reparaturen oder falls unser Einkommen für eine Zeit geringer ausfallen sollte. Wir haben Spaßkonten für besondere Anschaffungen und Urlaub, Konten auf denen wir für besondere Spenden sparen und solche, auf denen wir Liquidität für Investitionen bereitstellen. Wenn das Geld nicht verplant wäre, würde es genauso schnell verschwinden, wie es gekommen ist. So aber liegt es bereit, so dass wir etwas damit bewirken können. Wenn eine Gelegenheit kommt, ist es meist zu spät, sich vorzubereiten. Ich weiß nicht, wie es Ihnen damit geht, aber ich möchte stets bereit sein und meine Chancen nutzen, wenn sie sich zeigen.

Wenn eine Gelegenheit kommt, ist es meist zu spät, sich vorzubereiten.

Steigerung der Einnahmen

Es gibt so viele Möglichkeiten, die Einkünfte zu steigern. Es kann ein kleiner Nebenjob sein, ein Online-Markt, eine Vortragstätigkeit, Bücher, Songwriting, Kurse oder das passive Einkommen aus Vermietung und Verpachtung. Seien Sie kreativ und nutzen Sie Ihre eigenen

Stärken und Interessen, um für andere Menschen einen Mehrwert zu generieren, aus dem Sie dann Gewinn schöpfen können. Wir haben zum Beispiel haben vor allem Mieteinnahmen durch unsere Immobilien und unseren Beziehungskurs, der vielen Paaren hilft, eine starke Ehe zu führen.

Es ist aber essenziell, dass der Aufbau eines zusätzlichen Einkommens nicht der erste Schritt ist. Denn wie Sie bereits wissen, sind die Einkünfte sonst schneller weg, als man schauen kann.

Mehr Einnahmen zu haben, bringt mehrere Vorteile. Einerseits ist es immer gut, nicht nur von einer Einnahmequelle abhängig zu sein und je nach Lebenssituation benötigen Sie das zusätzliche Einkommen vielleicht, um Ihre Schulden zu tilgen. Andererseits können Sie dieses Geld bewusst zur Seite legen, um zum Beispiel mehr Investitionen tätigen zu können, damit das Geld für Sie arbeitet. Passive Einnahmen, die auch dann auf Ihr Konto kommen, wenn Sie gerade nicht aktiv arbeiten, sind besonders wertvoll. Um diese passiven Einnahmen zu generieren, setze ich vor allem auf Sachwerte.

Seien Sie kreativ und nutzen Sie Ihre eigenen Stärken und Interessen, um für andere Menschen einen Mehrwert zu generieren, aus dem Sie dann Gewinn schöpfen können.

Sachwerte

Laut Gabler Wirtschaftslexikon ist ein Sachwert ein "Von Geldwertschwankungen unabhängiges (die Inflation im Wert kompensierendes) Gut."[xv] In der Praxis sind dies meist Grundstücke und Immobilien. Der Hauptgrund für mich als Investor, auf Sachwerte zu setzen ist der, dass ich mir als Vater von vier Kindern nicht leisten kann, unnötige Risiken einzugehen. Gut ausgewählte Sachwerte sind trotz aller Marktschwankungen wertstabil und steigern ihren Geldwert sogar aufgrund wachsender Nachfrage und der Inflation. Dies sorgt zusätzlich dafür, dass meine Gedanken nicht ständig um riskante Investitionen kreisen, sondern sich damit beschäftigen können, was mir in meinem Leben wirklich wichtig ist.

Wie bei so Vielem, empfehle ich Ihnen aber auf jeden Fall, hier nicht alleine loszuziehen, sondern weise Ratgeber mit an Ihre Seite zu nehmen. Kaufen Sie nicht die erstbeste Eigentumswohnung von einem Online-Portal, da in Deutschland der Großteil des Immobilienmarktes offline stattfindet. Wählen Sie stattdessen fein selektierte Immobilien in langfristigen Wachstums-gebieten, die in einem guten Zustand sind. Es sei denn natürlich, Sie haben hier eine hohe Expertise, wissen genau, was Sie tun und das Sanieren von heruntergekommenen Wohnungen ist genau

Ihre Geschäftsidee. Rechnen Sie alles in Ruhe durch, schauen Sie die Zahlen an, klären Sie all Ihre Fragen und treffen Sie dann eine fundierte Entscheidung. Das langfristige Ziel sollte sein, ein passives Einkommen zu generieren. So arbeitet das Geld für Sie und nicht Sie für das Geld!

Gut ausgewählte Sachwerte sind trotz aller Marktschwankungen wertstabil und steigern ihren Geldwert sogar aufgrund wachsender Nachfrage und der Inflation.

Finanzieller DURCHBRUCH

Kapitel 9 - Warum ich Immobilien für das intelligenteste Investment halte

In diesem Kapitel möchte ich Ihnen vorstellen, warum meine Frau und ich in Immobilien investieren. Ehrlich gesagt war es auch vor allem Hanna, die uns anfangs in diese Richtung lenkte. Ich selbst hätte damals viel lieber einen Großteil in Aktien investiert, da ich die schnellen Gewinne, die Analysen und das Risiko spannend fand und mich bereits mit langfristigen Anlagestrategien an der Börse beschäftigt hatte. Zum Glück hatte ich aber über die Jahre gelernt, wie wichtig es ist, auf die Einschätzung meiner Frau zu hören!

Mittlerweile bin ich überzeugt, dass wir keine bessere Entscheidung hätten treffen können. Mit einer sehr guten Anlagestrategie auf dem Aktienmarkt erzielt man 8 bis 12% Rendite. Bei unseren Immobilien ist typischerweise eine Eigenkapitalrendite um die 15% das Worst-Case-Szenario, da allein schon die Tilgung, die der Mieter für mich zahlt, über einen Zeitraum von zehn Jahren einen solchen Gewinn produziert. Im Folgenden habe ich meine top zehn Gründe für Immobilien zusammengefasst. Sind Sie bereit für den Countdown?

10) Fast alle Reichen wurden entweder durch Immobilien wohlhabend oder haben einen großen Teil ihres Vermögens in Immobilien angelegt

Der ‚Investmentpunk‘ Gerald Hörhan schreibt im Vorwort des Buches ‚Das System Immobilie‘: „Die meisten reichen Menschen haben ihr Geld entweder mit Immobilien verdient oder sie besitzen Immobilien (...). Alle vermögenden Menschen, die ich kenne, egal ob Unternehmer, Topmanager, Stars oder ‚normale‘ Angestellte, haben zumindest einen Teil ihres Vermögens mit Immobilien gemacht."xvi

Wenn also offensichtlich die meisten Leute, die gut mit Finanzen umgehen können, durch Immobilien Erfolg haben, dann lohnt es sich, darüber genauer nachzudenken.

9) Das Geld anderer Leute arbeitet für mich

In fast jedem anderen Investment bin ich durch mein Eigenkapital begrenzt. Nur das Geld, das ich auch tatsächlich selbst hinein-stecke, arbeitet für mich. Wenn man nicht gerade Warren Buffett heißt, würde eine Bank einem niemals Geld für Aktieninvestments anvertrauen. Bei Immobilien ist sie dazu aber gerne bereit.

Wenn ich also gut verhandle, gibt mir die

Bank das Geld, das ich zum Kauf der Immobilie brauche und der Mieter zahlt es der Bank zurück. Ich selbst trage lediglich die Kaufnebenkosten: Grunderwerbsteuer, Notarkosten und Grundbucheinträge. Es ist also im Wesentlichen das Geld der Bank und das des Mieters, das für mich arbeitet, nicht mein eigenes.

8) Die Inflation arbeitet für mich

Wenn ich Geld in Aktien, auf einem Bankkonto oder Ähnlichem angelegt habe, verliert es trotz seiner Entwicklung gleichzeitig an Wert. Die Inflation entwertet meine Finanzen ständig. Bei Immobilien spielt mein Kapital aber kaum eine Rolle, da ich das Objekt über ein Darlehen bei der Bank erworben habe. Die Inflation arbeitet also für mich, statt gegen mich, indem sie meine Schulden anstelle meines Geldes entwertet.

7) Ich zahle weniger Steuern

Da Wohnraum in vielen Gegenden knapp ist, versuchen die Gesetzgeber, die Investition in Immobilien attraktiv zu machen. Deshalb dürfen Immobilieninvestoren an allen Ecken und Enden legal Steuern sparen, denn sie leisten einen wichtigen Beitrag zur Gesellschaft, indem sie Wohnraum schaffen oder zur Verfügung stellen.

Als intelligenter Investor werde ich also vom Staat dafür belohnt, dass ich mit dem Geld anderer Leute einen Mehrwert für die Bevölkerung schaffe. Und je nachdem um welche Art von Immobilien es sich handelt und wie groß die Investition ist, reden wir hier von sehr großen Summen an Steuerersparnis.

Sie können alle Kosten zur Beschaffung der Finanzen absetzen, die Verwaltungskosten, Ihre Schuldzinsen, Fahrten zur Wohnung, Versand von Briefen und vieles mehr. Falls Ihnen das noch nicht reichen sollte, können Sie Ihre Immobilie nach zehn Jahren komplett steuerfrei verkaufen. Der gesamte Gewinn geht in Ihren Geldbeutel, während andere Anleger auf ihre Aktienverkäufe und sogar ihre Zinserträge noch Steuern zahlen müssen.

6) Die Risiken lassen sich kontrollieren

Abgesehen davon, dass die Volatilität, also die Größe der Marktschwankungen, bei vermieteten Immobilien ohnehin deutlich geringer ist, als an der Börse oder bei Edelmetallen, lassen sich die Risiken zusätzlich relativ gut kontrollieren. Ich kann mir durch gute Beratung solide Wohnungen in nachhaltigen Wachstumsgebieten aneignen, sodass von einer starken Wertsteigerung auszugehen ist. Zusätzlich zur obligatorischen

Instandhaltungsrücklage kann ich für jede Wohnung ein Sicherheitskonto anlegen, um unerwartete Reparaturen daraus bezahlen zu können. Ich kann im Zweifelsfall eine Mietausfallversicherung abschließen, die mir ausgefallene Mieten ersetzt und sogar für Sachschäden an der Wohnung aufkommt. Und sollte tatsächlich einmal eine Krise zu größeren Preiseinbrüchen führen, wäre dies die perfekte Marktlage, um neue Wohnungen zu kaufen. Immobilien als solide Sachwerte, sind also auch beim Thema Risiko anderen Anlage-strategien, die eine angemessene Rendite liefern, deutlich überlegen.

5) Der Wert ist sofort da und muss nicht erst angespart werden

Während man bei Bankkonten und zum Beispiel Fonds seine Investitionen nach und nach ansparen muss, ist bei einer Immobilie ab dem sogenannten Übergang von Nutzen und Lasten der komplette Wert der Immobilie für mich aktiv. Das heißt, dass nicht nur meine wenigen Euro Eigenkapital eine Wert-steigerung erfahren, sondern der komplette Marktwert des Objekts. Wer also gut mit der Bank verhandelt hat und nur etwa zehn Prozent Eigenkapital in die Immobilie einbringt, verzehnfacht somit seine Gewinne.

4) Immobilien steigern ihren Wert

Wie bereits erwähnt, machen Immobilien in der richtigen Lage eine Wertsteigerung durch. Dies liegt zum einen an der hohen Nachfrage nach Wohnraum, zum anderen aber auch an der Inflation. In den letzten Jahrzehnten lag diese Wertsteigerung deutschlandweit im Durchschnitt, das heißt inklusive der schlechten, heruntergekommenen Wohnungen auf dem Markt und auch inklusive der Gebiete, aus denen Menschen weggezogen sind, dennoch bei 3,17% pro Jahr. Wer in den richtigen Gebieten und in solide Immobilien investiert hat, erzielte Wertsteigerungen von 5 bis über 15% pro Jahr. Nicht wenige Leute sind ‚versehentlich' wohlhabend geworden, weil sie sich darüber nicht im Klaren waren. Selbst ohne Wertsteigerung lässt sich die Immobilie allein schon durch die Tilgung an die Bank, die der Mieter indirekt zahlt, nach wenigen Jahren mit viel Gewinn verkaufen. Ganz zu schweigen von denen, die sich gut informiert und Wachstumsregionen gewählt haben, die nicht nur online gesucht haben, wo hauptsächlich die unattraktiven Reste angeboten werden, sondern auf dem offline Immobilienmarkt, der um die 90% des Marktes ausmacht.

3) Immobilien haben eine finanzielle Hebel-wirkung

Archimedes soll vor circa 2.200 Jahren gesagt haben: "δος μοι που στω και κινω την γην"[xvii], zu deutsch "Gib mir einen Punkt, wo ich stehen kann, und ich bewege die Erde". Er entdeckte das Hebelgesetz, durch das man selbst schwere Lasten mit sehr wenig eigenem Kraftaufwand anheben kann. Das einzige, was man benötigt, ist einen festen Drehpunkt und einen sogenannten Hebel. Je länger der Hebel, desto größer der Effekt.

Bei Finanzen besteht dieser Hebel hauptsächlich aus dem Geld der Bank. Je mehr Geld von der Bank und je weniger eigenes ich also einsetzen kann, desto besser ist mein Hebeleffekt. Dieses Prinzip, das Geld anderer Leute zu nutzen, funktioniert besonders gut bei Immobilien, wie wir zuvor besprochen haben. Man kann sich sogar in mehreren Schritten noch extremer hochhebeln, da die Bank mir umso mehr Geld anvertraut, je mehr ich mich in den kleinen Dingen als treu und zuverlässig erwiesen habe. Wer also der Bank zeigen kann, dass er in mehrere kleine Wohnungen investiert und dies gut im Griff hat, bekommt irgendwann genügend Geld anvertraut, um ein Mehrfamilienhaus zu kaufen oder noch weniger Eigenkapital einsetzen zu müssen.

2) Mindestens dreifacher 'Win'

Ich liebe es, wenn man Win-Win-Situationen erzeugen kann, also für alle Beteiligten einen Gewinn erzielt. Bei fein selektierten, vermieteten Immobilien ist dies mindestens dreifach der Fall. Der Mieter freut sich, dass ich guten, bezahlbaren Wohnraum zur Verfügung stelle, die Bank freut sich über sichere Einnahmen durch das Darlehen und ich freue mich über mein hochrentables Investment.

Oftmals sind es sogar noch mehr Leute, die gewinnen, da bei Neubauten oder Sanierungsobjekten viele Handwerker Arbeit finden und das Wohngebiet oder gar die ganze Stadt aufgewertet wird.

1) Immobilien sind relativ einfach zu verstehen und zu finanzieren

Wenn wir all das in die Waagschale werfen, gibt es nur eine einzige Anlagestrategie, die einigermaßen vergleichbar wäre: der direkte Kauf von Firmen. Dies setzt allerdings ein viel umfangreicheres Verständnis aller Vorgänge voraus und eine Finanzierung bei der Bank hierfür ist deutlich komplexer. Für Immobilieninvestments ist dies einfacher und es gibt Coaches wie mich, die die nötige finanzielle Bildung vermitteln und Interessenten bei jedem ihrer Schritte unterstützen. Daher halte ich das Investieren in Immobilien für die intelligenteste Strategie für jeden.

Mit einer sehr guten Anlagestrategie auf dem Aktienmarkt erzielt man 8 bis 12% Rendite. Bei unseren fein selektierten Immobilien ist typischerweise eine Eigenkapitalrendite um die 15% das Worst-Case-Szenario

---

Kapitel 10 - Die Analyse Ihrer Situation und Ihre persönliche Roadmap

"Der Worte sind genug gewechselt nun lasst uns endlich Taten sehen" schrieb einst Goethe in seinem Faust. Genau dies habe ich in diesem Kapitel mit Ihnen vor. Lassen Sie uns zunächst schauen, wo sie finanziell stehen, um dementsprechend einen guten Plan aufzustellen und den nächsten Schritt in die richtige Richtung zu machen. Wir gehen dabei die fünf Schritte zum Erfolg aus Kapitel 8 durch, angepasst an Ihre individuelle Situation.

Situation a) Verschuldet
Wir nehmen an, Sie haben aus verschiedensten Gründen einige negative Schulden. Darunter fallen zum Beispiel Konsumkredite, überzogene Konten, Kreditkartenschulden, 0%-Finanzierungen und ähnliches. Im Gegensatz dazu gibt es auch sogenannte positive Schulden, die Ihnen Geld in die Tasche spülen, zum Beispiel ein Darlehen für eine vermietete Immobilie. Von diesen ist in diesem Abschnitt nicht die Rede.

Offensichtlich sollten Sie negative Schulden los werden, es jedoch gleichzeitig schaffen, langfristig eine starke Basis für Ihre Finanzen zu bauen.

Gute Freunde von uns können aus eigener

Erfahrung berichten, dass die zwei wichtigsten Elemente in solch einer Situation die Reduzierung des monatlichen Budgets auf das Minimalste und der fokussierte Aufbau von Disziplin sind.

Spenden und sparen werden hierbei Hand in Hand gehen. Das Spenden, auch wenn es in einer solchen Situation völlig widersinnig klingt, wird Ihnen dabei helfen, Ihre Finanzen besser zu ordnen und positive Gefühle mit Geld zu assoziieren. Allerdings würde ich nicht empfehlen, mehr als 10% des Einkommens fest zum Spenden einzuplanen, solange noch negative Schulden vorhanden sind.

Für beides müssen Sie sich angewöhnen, Geld, das auf Ihr Konto kommt, sofort in verschiedene Töpfe zu verteilen. Um Rücklagen anzusparen, sollten Sie mindestens ein zweites oder drittes Konto haben. Meist bieten sich für diesen Zweck Tagesgeldkonten an, da sie übersichtlich sind und normalerweise keine extra Kosten hierfür anfallen. Am Besten richten Sie Daueraufträge ein, so dass das Geld gleich am Monatsanfang zur Seite gelegt wird. Würden Sie von Anfang an Ihren Fokus nur auf das Abzahlen der Schulden legen, könnte Sie eine unvorhergesehene Rechnung erneut dazu zwingen, Schulden aufzunehmen. Durch das Bilden von Rücklagen, bringen Sie aber Stärke in Ihre Finanzen, so dass Sie nichts so schnell aus der Bahn werfen wird.

Gleichzeitig sollten Sie natürlich nicht völlig vernachlässigen, Ihre Schulden zurückzuzahlen. Interessanterweise hat es sich in der Erfahrung bewährt, zuerst kleinere Kredite zu tilgen und dann die größeren. Auch wenn es von den Zahlen her eigentlich anders herum schlauer wäre, ist es wichtiger auf diese Art absehbare Erfolgserlebnisse zu generieren, die Ihnen die Zuversicht geben, auch den Rest zu schaffen. Hier scheint tatsächlich der emotionale Wert, der Ihnen hilft langfristig schuldenfrei zu werden, mehr zu bringen, als der nüchterne Blick auf die Zahlen.

Schaffen Sie es zusätzlich, Ihre Einnahmen zu steigern, empfehle ich Ihnen, diese nicht nur für das Zurückzahlen der Schulden zu benutzen. Es ist auf Dauer wenig attraktiv, jeden zusätzlich verdienten Euro an die Bank abgeben zu müssen. Sie werden viel motivierter sein, wenn Sie gleichzeitig auch die Möglichkeit haben, anderen und sich selbst gegenüber großzügig zu sein.

Wenn Sie es geschafft haben, Ihre negativen Schulden signifikant abzubauen, ein regelmäßiges Einkommen von etwas mehr als 2.000€ haben und ein verfügbares Eigenkapital von 5.000€ bis 10.000€, können Sie als Investor rein theoretisch einen Kredit für eine kleine Eigentumswohnung bei der Bank bekommen. Da Sie sich aber gerade erst aus der Schuldenfalle herausgearbeitet haben, gibt es zwei zusätzlich wichtige Dinge zu beachten.

Erstens werden Sie sich erst einmal den Unterschied zwischen positiven und negativen Schulden von Neuem klar machen müssen, so dass Sie bei einem Darlehen für diese Investition keine Ängste und Sorgen mittragen werden. Selbst die beste Investition wäre nicht gut für Sie, wenn Sie das Ganze emotional belasten würde. Auch aus praktischen Gründen, sollten Sie zusätzlich genügend Rücklagen behalten und nicht all Ihr Erspartes als Eigenkapital einsetzen.

Zweitens sollten Sie bei der Kreditanfrage vorsichtig vorgehen und erst sicherstellen, dass die Bank Ihre Bonität gut genug bewertet. Vielleicht sind noch nicht alle Ihre Schufa-Einträge gelöscht worden und eine fehlgeschlagene Finanzierungsanfrage würde die Bonität zusätzlich schmälern. Besorgen Sie sich vorsichtshalber zuerst eine Schufa-Auskunft von sich und stellen Sie sicher, dass alle getilgten Schulden nicht mehr eingetragen sind. Klären Sie mit der Bank zunächst mündlich ab, ob eine Finanzierung realistisch ist, bevor Sie die offizielle Finanzierungsanfrage stellen.

Wenn alle Ampeln grün sind, dann steht Ihrer ersten Investition nichts mehr im Wege!

Situation b) Schwarze Null

Wenn Sie nicht negativ verschuldet sind, monatlich aber mit dem Geld gerade so hinkommen, dann ist dieser Abschnitt genau für Sie. Bei Ihnen sollte der Fokus zunächst darauf liegen, eine starke Strategie zum Sparen zu entwickeln. Wenn Sie Ihre Ausgaben nicht minimieren und eisern im Griff haben, wird nach wie vor alles Geld, das aufs Konto kommt, auch genauso schnell wieder verschwinden. Es bringt wenig, gegen dieses Naturgesetz ankämpfen zu wollen. Die einzige Möglichkeit, die Sie haben, ist, es für sich zu nutzen. Packen Sie das Geld selbst gleich am Monatsanfang weg, damit Sie es nicht für Anderes ausgeben. Legen Sie ein Sparkonto an, um Rücklagen und Liquidität aufzubauen, so dass unerwartete Rechnungen Sie nicht aus der Bahn werfen und Sie sich dadurch in die Position bringen, um investieren zu können.

Vergessen Sie dabei nicht, großzügig zu sein. Legen Sie das Geld nicht nur für sich, sondern auch für andere zur Seite, helfen Sie Menschen und fördern Sie Projekte, die Ihnen wichtig sind.

Sobald sie ein paar Tausend Euro angespart haben, idealerweise etwas mehr als zwei Monatsgehälter, können Sie über diesen Puffer hinaus Liquidität aufbauen, die Ihnen das Investieren und somit das Generieren von Mehreinnahmen ermöglicht.

Situation c) Positive Vermögensbilanz

Abgesehen von Ihren Einnahmen und Ausgaben interessiert sich die Bank vor allem für Ihre Vermögensbilanz. Das ist die Differenz zwischen Ihren Vermögenswerten (der aktuelle Wert Ihrer Bankguthaben, Edelmetalle, Aktien, Fonds und Immobilien) und Ihren Verbindlichkeiten (Betrag der aktuellen Restschulden aus Finanzierungen, Krediten und Immobiliendarlehen). Wenn Ihre Vermögenswerte also größer als Ihre Schulden sind, haben Sie bisher vieles richtig gemacht.

Als meine Frau und ich uns vor vielen Jahren auf das Investieren vorbereiteten, hatten wir das Glück, durch unsere bisherige Disziplin so starten zu können. Wenn auch Sie an diesem Punkt sind, ist die Strategie besonders entscheidend. Überlegen Sie sich, was genau Ihre Ziele sind, in was, wann und wie häufig Sie investieren wollen. Im Zweifelsfall machen Sie sicherlich nichts falsch, wenn Sie wie wir einfach jedes Jahr eine Immobilie zum Vermieten kaufen. Auf diese Art und Weise sind schon viele zum Millionär geworden. Holen Sie sich von Anfang an gute und seriöse Berater an Ihre Seite. Investieren Sie in Wachstumsgebieten und in einfache, solide Immobilien statt in spezielle. So werden Sie immer genügend Nachfrage für Ihre Wohnungen haben.

Je mehr Immobilien Sie besitzen, desto

mehr lohnt es sich, eine Mietverwaltung zu beauftragen, die sich vor Ort um so gut wie alles kümmert. Dies gilt natürlich auch für den Fall, dass Sie intelligent in wachsenden Märkten landesweit investieren und nicht nur direkt bei sich vor der Haustür. Sie wollen ja vermutlich lieber passive Einnahmen generieren, anstatt zusätzlichen ToDos in Ihrem ohnehin schon gut gefüllten Kalender nachzulaufen. Das Ziel ist, Ihre Investments skalierbar zu machen. Das heißt, ein System zu entwickeln, das wachsen kann, ohne dass für Sie der Arbeitsaufwand signifikant mitwächst.

Bauen Sie sich ein Team von Beratern und Mitkämpfern auf. Sie werden wahre Freunde brauchen, weise Mentoren und wohlwollende, ehrliche Berater. Ein afrikanisches Sprichwort sagt: "Wenn du schnell gehen willst, gehe alleine. Wenn du weit gehen willst, dann gehe zu zweit". Sie werden langfristig Leute benötigen, die Ihnen die Wahrheit sagen, auch wenn alle anderen Ihnen schmeicheln wollen oder wenn anscheinend gerade alle gegen Sie sind. Ihre Freunde werden Sie davor bewahren, übermütig, geizig oder gierig zu werden oder den Glauben an sich und die Sache zu verlieren. Je mehr das Geld fließt, desto mehr werden Sie ohnehin feststellen, dass gute Beziehungen das Wichtigste sind, was in diesem Leben zählt. Starke Finanzen sind ein großartiges Werkzeug, um viele Dinge bewirken zu können und Einfluss zu nehmen, aber Geld und Besitz wird Sie niemals emotional erfüllen können. Das können nur bedeutungsvolle Beziehungen tun.

Ihr nächster Schritt

Nur Sie selbst können beurteilen, wo Sie aktuell genau stehen und was Ihr nächster Schritt sein muss. Mindestens einer der fünf Schritte zum Erfolg des vorigen Kapitels wird dabei eine Schlüsselrolle spielen und alle zusammen werden einen entscheidenden Unterschied bewirken. Entwickeln Sie eine gute Strategie, spenden Sie großzügig, üben Sie sich in Sparsamkeit, steigern Sie Ihre Einnahmen und investieren Sie in Sachwerte.

Über die Jahre sind meine Frau und ich durch diese Strategie sehr gut vorangekommen und können es manchmal kaum glauben, wie gewinnbringend das Geld für uns arbeitet. Mittlerweile coachen wir deshalb auch andere dabei, das Investieren in vermietete Immobilien voll zu verstehen, rechnen mit ihnen alles durch und helfen ihnen, die passenden Objekte zu finden. Es ist ein sehr erfüllendes Gefühl, in diese dankbaren Augen zu blicken, wenn sie wirklich verstanden haben, was wir gerade für sie getan haben.

Was uns anbelangt, so lieben wir es, mehr

Zeit und Energie für die Dinge zu haben, die uns im Leben wirklich wichtig sind, für unsere Ehe, unsere Familie, unsere Freunde und unser ehrenamtliches Engagement in unserer Kirche.

Ich wünsche auch Ihnen, dass Sie eine Vision und Bestimmung für Ihr Leben finden und Schritte gehen, die Sie langsam aber sicher in die finanzielle Freiheit führen.

Starke Finanzen sind ein großartiges Werkzeug, um viele Dinge bewirken zu können und Einfluss zu nehmen, aber Geld und Besitz wird Sie niemals emotional erfüllen können. Das können nur bedeutungsvolle Beziehungen tun.

Finanzieller DURCHBRUCH

Epilog - Was wir von König Salomo lernen können

Ich liebe es, Biografien und Schriften aus verschiedenen Zeitaltern zu lesen und zu hören. Mich faszinieren die Gedanken einflussreicher, intelligenter oder innovativer Menschen zu ihrer Zeit. Durch meinen persönlichen Glauben hat es mir auch besonders die Bibel mit ihren vielen verschiedenen Büchern angetan.

Einer meiner Lieblingsabschnitte darin ist das Buch der Sprüche. Es ist eine Sammlung von Zitaten verschiedener Persönlichkeiten zu der Zeit als Salomo König in Israel war. Nicht zuletzt hat Salomo selbst, der ja als der weiseste aller Menschen galt, einen großen Teil davon selbst verfasst.

Vor einiger Zeit fiel mir auf, dass insbesondere im elften Kapitel dieses Buches in wenigen Zeilen so gut wie alles zusammengefasst ist, was man in meinen Augen für den erfolgreichen Umgang mit Finanzen verstanden haben sollte. Auf diesen letzten Seiten ist es mir eine besondere Ehre, anhand dieses mehrere tausend Jahre alten Textes, das Wichtigste noch einmal auf den Punkt zu bringen:

"Wenn du das Rechte tust, hast du nur Gutes zu erwarten; wenn du Schlechtes tust, wird deine Hoffnung grausam enttäuscht.

Freigiebige werden immer reicher, der Geizhals spart sich arm.

Wenn du mit anderen teilst, wirst du selbst beschenkt; wenn du den Durst anderer stillst, lässt man dich auch nicht verdursten.

Wer in Notzeiten sein Korn im Speicher behält, den verfluchen die Leute; aber sie preisen den, der es verkauft.

Wer danach trachtet, Gutes zu tun, findet Zustimmung bei Gott. Wer danach trachtet, Unheil zu stiften, den überfällt es.

Ein Mensch, der sich auf seinen Reichtum verlässt, kommt zu Fall. Aber alle, die das Rechte tun, sprossen wie frisches Laub.

Wer Haus und Familie nicht in Ordnung hält, dessen Besitz löst sich in Luft auf. Wenn du so dumm bist, wirst du schließlich zum Sklaven eines Klügeren.

Ein rechtschaffener Mensch ist wie ein Baum, dessen Früchte Leben schenken; und wer klug und weise ist, gewinnt Menschen für sich.

Menschen, die das Rechte tun, bekommen hier auf der Erde ihren Lohn – und erst recht die anderen, die Unrecht tun!"[xviii]

Lassen Sie uns im Folgenden die einzelnen Abschnitte näher betrachten:

Gerechtigkeit

Wenn du das Rechte tust, hast du nur Gutes zu erwarten; wenn du Schlechtes tust, wird deine Hoffnung grausam enttäuscht.
Wer danach trachtet, Gutes zu tun, findet Zustimmung bei Gott. Wer danach trachtet, Unheil zu stiften, den überfällt es.

Diese beiden Verse beschäftigen sich mit dem Thema Gerechtigkeit. Sie sagen, dass Leute, die sich für Gerechtigkeit einsetzen, sowohl Gutes zu erwarten, als auch Gottes Zustimmung auf ihrer Seite haben.

Ich bin überzeugt, dass langfristiger Wohlstand nur zu erreichen ist, indem man sich für Gerechtigkeit einsetzt oder zumindest den Wohlstand auf gesetzeskonforme Art erreicht hat. Mir ist durchaus bewusst, dass man auch durch ungerechte Wege beziehungsweise illegale Aktivitäten zu schnellem Reichtum kommen kann. Dies bleibt aber meist nicht lange erhalten, da viel Geld zu besitzen automatisch immer ein Charaktertest ist – Unaufrichtigkeit wird sich früher oder später rächen. Außerdem würde ich diese Art von Reichtum nicht als Wohlstand bezeichnen, da man dabei in emotionaler Hinsicht einen viel zu großen Preis bezahlt, indem man seinen eigenen Wert herabstuft und all den Besitz nicht richtig genießen kann.

Alles, was wir tun, hat Auswirkungen und

fällt früher oder später auf uns zurück. Besser also, wir versuchen Gutes zu bewirken, als einfach nur um jeden Preis auf schnellen Gewinn aus zu sein.

Großzügigkeit

Freigiebige werden immer reicher, der Geizhals spart sich arm.
Wenn du mit anderen teilst, wirst du selbst beschenkt; wenn du den Durst anderer stillst, lässt man dich auch nicht verdursten.

Diese Verse handeln von Großzügigkeit und versprechen dafür sowohl natürliche als auch übernatürliche Versorgung.

Die Tatsache, dass uns unsere Entscheidungen irgendwann einholen, zeigt sich auch hier. Großzügigkeit zahlt sich langfristig immer aus! Es gibt dabei die natürliche Komponente, die besagt, dass dankbare Leute einem auch etwas zurückgeben wollen. Unabhängig davon, ob Leute die Großzügigkeit sehen oder nicht, deutet dieser Weisheitsspruch aber auch an, dass es ein grundsätzliches Prinzip gibt. Winston Churchill sagte einst: "Was wir bekommen, bestimmt unseren Lebensunterhalt. Was wir geben, bestimmt unser Leben"[xix]. Es gibt nicht nur Studien, die zeigen, dass Großzügigkeit glücklicher macht[xx], sondern es scheint tatsächlich einen direkten Zusammenhang zwischen Großzügigkeit und Wohlstand zu geben, wie wir im Laufe des Buches etabliert haben.

Geteilter Gewinn

Wer in Notzeiten sein Korn im Speicher behält, den verfluchen die Leute; aber sie preisen den, der es verkauft.

Hier geht es um das Teilen des Gewinns beziehungsweise dem Erschaffen von Win-Win-Situationen, was zu einem guten Einkommen und einem guten Ruf führt.

Interessanterweise würden die meisten Menschen hier in der Bibel erwarten, dass wir in Notzeiten alles verschenken sollten. Aber das steht hier nicht, auch wenn es sicher in einigen Situationen eine gute Entscheidung wäre. Die Rede ist hier vom Verkaufen, so dass beide Seiten gewinnen. Ich bin überzeugt, dass Geschäfte immer dann gut funktionieren und Erfolg bringen, wenn man für alle Seiten einen Mehrwert schafft oder alle einen Anteil am Gewinn haben. So wird jeder gern Geschäfte mit Ihnen machen und Ihr guter Ruf wird sich verbreiten.

Gesundes Vertrauen und gesunde Prioritäten

Ein Mensch, der sich auf seinen Reichtum
verlässt, kommt zu Fall. Aber alle, die das Rechte
tun, sprossen wie frisches Laub.
Wer Haus und Familie nicht in Ordnung hält,
dessen Besitz löst sich in Luft auf. Wenn du so
dumm bist, wirst du schließlich zum Sklaven eines
Klügeren.

Das richtige Vertrauen in Vers führt zu
Wachstum, die richtigen Prioritäten dazu, die
Kontrolle zu behalten.

Vertrauen muss verdient werden und sollte
niemals an unbeständigen Dingen hängen.
Reichtum, Wohlstand und Besitz sind
vergänglich. Durch eine politische
Entscheidung oder eine Änderung der
Wirtschaftslage, kann sich dies alles jederzeit
ändern. Wenn Ihr Vertrauen jedoch auf
grundlegenden Prinzipien wie Gerechtigkeit
oder gar auf Gott selbst gründet, wissen Sie,
dass auch unabhängig von den äußeren
Umständen sich letztendlich alles immer zum
Guten wenden kann. Dieses gesunde
Vertrauen wird Ihnen in jeder Lebenslage
Stabilität geben.

Ebenso wichtig wie das gesunde Vertrauen
sind gesunde Prioritäten. Immer nur nach
neuen Deals Ausschau zu halten und dabei zu
vergessen, dass auch der aktuelle Besitz
gepflegt werden will und vor allem, dass Ehe

und Familie weit wichtiger sind, als die tollsten Geschäfte und alles Geld der Welt, führt sicher zum Verlust. In der Physik besagt der zweite Hauptsatz der Thermodynamik, dass alles, in das wir keine Energie investieren, mit der Zeit in Unordnung und Wertlosigkeit zerfällt. Man verliert schnell die Kontrolle und es braucht sehr, sehr viel Energie, um alles wieder in Ordnung zu bringen. Das gilt auch für unsere Beziehungen! Es ist kein Zufall, dass so viele Ehen und Beziehungen scheitern, sondern meistens das Resultat einer Entscheidung, die Prioritäten an anderen Stellen zu setzen. Nehmen Sie also die Menschen, die Ihnen am wichtigsten sind, niemals für selbstverständlich, sondern pflegen Sie Ihre Ehe, Familie und Freundschaften.

Gutes Gewissen

Ein rechtschaffener Mensch ist wie ein Baum, dessen Früchte Leben schenken; und wer klug und weise ist, gewinnt Menschen für sich.
Menschen, die das Rechte tun, bekommen hier auf der Erde ihren Lohn

In diesen Versen schließlich geht es darum, reinen Gewissens zum Vorbild für andere zu werden. Dies führt dazu, dass wir anderen zu einem besseren Leben verhelfen und selbst Gunst und Lohn ernten.

Wenn ich überprüfen möchte, ob mein Lebensstil gerade vorbildlich ist, helfen mir zwei verschiedene Vorstellungen. Die eine ist die, zu überlegen, was ich davon halten würde, wenn meine Kinder hundert Prozent meiner Verhaltensweisen für sich selbst übernehmen würden. Die andere ist, sich vorzustellen, dass alles, was ich in meinem Leben tue, öffentlich bekannt wäre. Wie würde es mir dann gehen und könnte ich dann noch stolz in den Spiegel schauen? Beide Überlegungen helfen mir, ziemlich schnell festzustellen, ob ich einen authentischen Lebensstil führe. Verstehen Sie mich nicht falsch, es geht nicht darum, alles perfekt zu machen. Es geht um Integrität, die Frage, ob meine Werte und Worte mit meiner Lebensweise über-einstimmen.

Wenn dies der Fall ist und ich kluge und weise Entscheidungen treffe, werden automatisch Menschen von mir profitieren und in meiner Nähe in ihrem Leben aufblühen. Vermutlich werden mich nicht absolut alle Menschen mögen, aber das ist ja auch nicht das Ziel. Sicherlich werde ich aber einige loyale Leute auf meiner Seite haben, die mich unterstützen, wenn ich Hilfe benötige - die Art von Freunden, auf die man sich wirklich verlassen kann und die mit einem durch dick und dünn gehen.

Nach allem, was ich bisher gesehen, gehört und erlebt habe, bin ich überzeugt, dass ein

Lebensstil der Integrität immer seinen Lohn
bringt.

Finanzieller DURCHBRUCH

Fragen zur Vertiefung

Kapitel 1

1) Wie würden Sie spontan antworten, wenn ich Sie nach der Wichtigkeit der Finanzen in Ihrem Leben fragte?

2) Falls Sie sich bisher eher ungern mit Geldfragen auseinandersetzen, woran könnte dies liegen?

   Falls sich für Sie momentan sehr viel um das Thema Geld dreht, wie könnten Sie es schaffen, den Rest des Lebens angemessen zu gewichten?

Kapitel 2

1) Wie sieht es in Ihrem Leben aus? Machen Ihre Emotionen je nach Kontostand oder Aktienkursen eine Achterbahnfahrt? Oder sind sie total entspannt, wenn es um Ihre Finanzen geht?

2) Was könnten konkrete Schritte sein um entweder mehr Ruhe oder mehr Leidenschaft und Dynamik in Ihren Umgang mit Finanzen zu bringen?

Kapitel 3

1) Mit welchen ein bis zwei der vor-gestellten emotionalen Antriebsmuster können sie sich am meisten identifizieren?

2) Wie sieht es mit den Menschen aus, die Ihnen am nächsten stehen (zum Beispiel Ehepartner, Eltern, Kinder, Geschäftspartner, Freunde, ...)? Wo würden sie sich einordnen?

3) Wie und in welchen Entscheidungen können Sie die neu gewonnene Erkenntnis in den nächsten sieben Tagen anwenden?

Kapitel 4

1) Wenn wir ehrlich sind, hat jeder von uns hin und wieder mit Angst, Sorgen oder Scham zu kämpfen. Welcher der drei ,Feinde' fordert Sie aktuell am meisten heraus?

2) Wie können Sie im nächsten Monat aktiv werden, um sich in diesem Bereich zu stärken?

Kapitel 5

1) Welche Gedanken bringen Stärke in Ihr Leben und welche rauben Ihnen unnötig Energie?

2) Welche Entscheidungen können Sie heute treffen, um Ihren Fokus bewusst auf hilfreiche Gedanken zu richten?
Was könnte Sie darin unterstützen? Erinnerungen auf dem Smartphone, Bilder oder Zitate am Badezimmer-Spiegel Gespräche mit Freunden...?

Kapitel 6

1) In welche Falle tappen Sie am häufigsten?

2) Welche Vorkehrungen können Sie diesen Monat treffen, um neue, bessere Verhaltensweisen zu etablieren und nicht mehr in dieselbe Falle zu laufen?

Kapitel 7

1) Nehmen Sie sich einen der oben genannten Punkte vor, um neue Stärke in Ihr Leben zu bringen. Sie können entweder ihren ausbaufähigsten Bereich wählen oder bereits etabliertes weiter voran bringen.

2) Wer aus Ihrem Umfeld könnte Sie bei diesem Prozess unterstützen? Wem könnten Sie dabei eine Hilfe sein?

Kapitel 8

1) Haben Sie bereits alle fünf Verhaltensweisen in Ihrem Alltag etabliert?

2) Wenn nein, listen sie die Schritte auf, die es benötigt, um diese zu einer Gewohnheit in Ihrem Leben zu machen
Wenn ja, fragen Sie sich, wen Sie in Ihrem Bekanntenkreis ermutigen können, entsprechend aktiv zu werden.

Kapitel 9

1) Wenn die Investition in vermietete Immobilien auch etwas für Sie sein könnte, wer könnte Sie auf diesem Weg begleiten?

2) Simulieren Sie zunächst die Zahlen durch und klären sie ihre Fragen, bevor Sie eine finale Entscheidung treffen.

3) Falls es bei Ihnen nicht Immobilien sind, was könnte für Sie eine gute Langzeitstrategie sein? Wer könnt Sie dabei fundiert beraten?

Kapitel 10

1) Was ist Ihre aktuelle Situation?

2) Welcher nächste Schritt ergibt sich für Sie daraus?

3) Schreiben Sie auf, was Sie in 5 Jahren erreicht haben möchten und welche Entscheidungen Sie in nächster Zeit treffen müssen, damit dies zur Realität wird.

4) Setzen Sie sich mit einem Freund oder einer Freundin zusammen und unterstützen Sie sich gegenseitig auf diesem Weg

Anmerkungen und Literaturverzeichnis

i Jeff Lestz „True Riches: Prosperity with Purpose"

ii John C Maxwell "Failing Forward: Turning Mistakes Into Stepping Stones for Success" vom Autor übersetzt aus Kapitel 1

iii Zitiert nach Jesus Jiminez, September 16, 2014 '10 Unforgettable Quotes by Jim Rohn' auf success.com

iv 'Heute Nicht' – Nina und Dennis Strehl, Ellen Röwer; Original ‚Not Today' Words and Music by Joel Houston & Matt Crocker © 2017 Hillsong Music Publishing

v Zitiert nach Jesus Jiminez, September 16, 2014 '10 Unforgettable Quotes by Jim Rohn' auf success.com

vi Sorgen sind in der Psychologie genau genommen Kognitionen - also Gedanken- und Vorstellungsketten - die negative Gefühle (z. B. Ängste) aber auch Verhalten auslösen. Sie können also als kognitive Komponente der Angst beschreiben werden Und Scham ist die Annahme, andere könnten die eigene Person als unzulänglich bewerten, also ebenfalls ein kognitiver Aspekt des sich daraus ergebenden Schamgefühls, das wiederum auch als eine Angst vor sozialer Abwertung oder Ächtung beschriebenen werden kann. Sorgen beziehen sich eher auf die Lebensumstände sowie zeitlich gesehen eher auf die Zukunft; Scham bezieht sich eher auf die sozialen Beziehungen und zeitlich gesehen auf die Gegenwart.

vii Brené Brown „Die Gaben der Unvollkommenheit", , J.Kamphausen 2012, S.55

viii Ebd. S.25

ix Die Bibel 2. Korinther 12:5.10, Neue Genfer Übersetzung (NGÜ)

x Donald Miller in seiner Rede an der Liberty Universit Convocation am 12. Februar 2016

[xi] Auszug aus seiner Rede ‚Citizenship in a Republic' an der Sorbonne in Paris am 23. April 1910

[xii] Sean Covey, Chris McChesney, Jim Huling, Andreas Maron „Die 4 Disziplinen der Umsetzung: Strategien sicher umsetzen und Ziele erfolgreich erreichen"

[xiii] So zitiert von Paulus in der Bibel, Apostelgeschichte 20:35

[xiv] Der britische Soziologe C. Northcote Parkinson veröffentlichte im Laufe seines Lebens mehrere universelle Gesetze zu Verwaltung, Bürokratie und anderen Lebensbereichen

[xv] https://wirtschaftslexikon.gabler.de

[xvi] Thomas Knedel, Gerald Hörhan "Das System Immobilie: 20 Immobilien-Investoren, 20 konkrete Immobilien-Strategien"

[xvii] https://de.wikiquote.org/wiki/Archimedes

[xviii] Die Bibel, Sprüche 11:23-31, Gute Nachricht Bibel, revidierte Fassung, durchgesehene Ausgabe, © 2000 Deutsche Bibelgesellschaft, Stuttgart.

[xix] https://www.brainyquote.com vom Autor übersetzt

[xx] Elizabeth Dunn, Michael Norton "Happy Money: The Science of Happier Spending"

Über den Autor:

Martin D.C. Bruch und seine Frau Hanna wohnen mit ihren vier Kindern am Bodensee, ihre vermieteten Wohnungen und Häuser sind jedoch über Ballungsgebiete in ganz Deutschland verteilt.

Neben seiner Lehr- und Vortragstätigkeit begleitet Martin Interessenten aus verschiedensten Lebensbereichen und Gesellschaftsschichten bei Immobilieninvestments, während Hanna sich hauptsächlich um den Beziehungskurs DateNight kümmert.

Gerne können Sie Martin D.C. Bruch bei einem Vortrag oder Cashflow-Spieleabend persönlich kennen lernen.

Kontakt: durchbruch@gmx.de

Instagram: martin_bruch